世界を変えた100のスピーチ 下

コリン・ソルター 著
Colin Salter

大間知 知子 訳
Tomoko Omachi

100 Speeches that roused the world

Earl Warren
Nikita Khruschev
Harold Macmillan
Elvis Presley
Fidel Castro
Mervyn Griffith-Jones
John F. Kennedy
Martin Luther King Jr.
Harold Wilson
Muhammad Ali
Malcolm X
Nelson Mandela
John Lennon
Timothy Leary
Earl Warren
Eugene McCarthy
Enoch Powell
Neil Armstrong
Max B. Yasgur
Betty Friedan
John Kerry
Harry Blackmun
Richard Nixon

Harvey Milk
Margaret Thatcher
Ronald Reagan
Mikhail S. Gorbachev
Maya Angelou
Chris Patten
Charles Spencer
Bill Clinton
Tony Blair
George W. Bush
Osama bin Laden
Barack Obama
Steve Jobs
Bill Gates
Malala Yousafzai
"Emily Doe"
Stephen Hawking
Ashley Judd
Mark Zuckerberg
James Comey
Elon Musk
Oprah Winfrey

原書房

世界を変えた100のスピーチ——下

[目次]

［上巻目次］

051 アール・ウォーレン

「公教育の場において、
『分離すれども平等』という原理は成立しない」——一九五四年五月一七日

"In the field of public education, the doctrine of 'separate but equal' has no place"

黒人と白人が利用する車両の分離は合憲であると判断した一八九六年のアメリカ合衆国最高裁判決は、教育施設が平等の水準である限り、教育における人種分離は合憲であるという主張の裏づけとなった。一九五四年には南部のおよそ一七州が強制的な人種の分離を法律で定めていたのに対し、北部一六州では教育における人種分離は違法とされていた。

STATE THE TOPEKA JOURNAL
AN INDEPENDENT NEWSPAPER
Home Edition
Topeka, Kansas, Monday, May 17, 1954—Twenty-four Pages
FIVE CENTS

SCHOOL SEGREGATION BANNED

Turnpike Bonds Authorized So Suit Can Start

Supreme Court Will Clear Legal Air in Friendly Action

Supreme Court Refutes Doctrine of Separate but Equal Education

High Tribunal Fails to Specify When Practice of Dual Schools Must Be Dropped by States

Court Ruling Hailed

Segregation Already Ending Here, Say School Officials

Laying Track at the Fairgrounds for 'Cyrus Holliday'

Rainfall Spread Far Over State

Oakley Is High With 2.08 Inches

Future of Probe Uncertain After President Rules

Workmen Busy at Fairgrounds Setting Stage for Biggest Show

地元新聞に報じられた最高裁判所長官アール・ウォーレンの歴史的判決。

人種の分離を合憲と定めた州の教育の実態は、平等にはほど遠かった。黒人学校の校舎は貧弱で、設備などの点でも劣り、多くの場合白人学校より遠かったにもかかわらず、スクールバスなどの交通手段は不十分だった。全米黒人地位向上協会(NAACP)のカンザス州トピカ支部は、この不平等に世間の目を向けさせる方法として、数名の黒人保護者を支援して地元教育委員会を相手取って集団訴訟を起こすことにした。

一三名の原告のうち一二名は女性で、オリバー・ブラウンだけが男性だった。ブラウンが筆頭原告に指名されたのは、男性の方が影響力があると考えられたからだ。男女差別をめぐる争いは、まだ遠い先の話だった。

NAACPはまず、原告となる親たちに家から一番近い白人学校への入学を申請させた。彼らの申請はすべて拒否された。オリバー・ブラウンの娘の場合、白人学校が自宅からわずか七ブロック先にあるのに、スクールバスの停留所まで六ブロック歩き、そこからさらに一マイル［一・六キロメートル］離れた黒人学校に通わなければならなかった。地方裁判所は、黒人学校は設備や教育水準の点で実質的に白人学校と平等であるから、すべての市民は法の上で平等に扱われなければならないという合衆国憲法修正第一四条に則しているとして、教育委員会を支持した。

NAACPは一八九六年の「分離すれども平等」の原則に対する異議申し立てを最高裁判所に持ち込み、最高裁判所長官アール・ウォーレンによって審理されることになった。ウォーレンは一九六三年に起きたジョン・F・ケネディ暗殺事件の調査委員会を指揮したことでよく知られているが、容疑者は逮捕時に自分の権利を読み上げられない限り、その供述は証拠として認められないという一九六六年の判決もウォーレンの功績である。一九五四年五月一七日のブラウン対教育委員会裁判における判決は、ウォーレンの在職期間中初の記念すべき決定となった。

ウォーレンは憲法修正第一四条の歴史を教育の観点から振り返り、第一四条が一八六八年に批准されて以来、設備など条件面の平等はかなり進んだと述べた。「われわれはむしろ、人種の分離そのものが公教育に与える影響に目を向けなければならない」。教育は「よき市民の基盤である」とウォーレンは言い、このように問いかけた。「人種分離は……少数グループの子どもたちから平等な教育機会を奪わないだろうか？　われわれは奪うと確信する」

近年の研究によれば、「人種だけを理由に彼らを同じ年齢と資格を持つ者から分離することは、社会における彼らの地位に劣等感を生じさせ、決して解消されることのない影響を……与える」と確認されているとウォーレンは述べ、それに反した一八九六年の判決の主張を退けた。この劣等感は「分離された教育施設は本質的に不平等」であり、憲法修正第一四条に違反していることを意味した。「公教育の場において、『分離すれども平等』という原理は成立しないものとわれわれは結論する」

最高裁判所の全員一致の判決は、公民権運動の勝利として喝采を浴びた。しかしこの判決は、アメリカの教育上の人種隔離政策を撤廃するための規則や計画を定めるものではなかった。トピカ市では一九五六年にすべての教育レベルで学校の統合が実現したが、南部の州の多くは統合に抵抗し続けた。第二次ブラウン判決と呼ばれた裁判では、学校の統合は「適切な速度で」遂行されるべきであるという、あいまいで不明瞭な判決にとどまった。しかしウォーレンの判決が公民権運動に勇気と力を与えたのは確かである。翌年の一九五五年、ローザ・パークスという黒人女性がアラバマ州モンゴメリーでバスの座席を白人に譲るのを拒否し、裁判になった。最高裁判所はバス内の人種分離条例に違憲判決を出した。こうして『分離すれども平等』の原則がウォーレンによって否定された判決は、アメリカのさまざまな公共機関における人種分離にも適用できることが明らかになった。

†

ここでわれわれに次のような問題が提示される。公共教育機関において、人種のみに基づいて子どもたちを分離することは、たとえ物質的な設備や他の「有形の」要素が平等だったとしても、少数グループの子供たちから平等な教育機会を奪わないだろうか？　われわれは奪うと確信する。

そのような考察は、小学校から高校までの子どもにいっそう影響力をもって当てはまる。人種だけを理由に彼らを同じ年齢と資格を持つ者から分離することは、社会における彼らの地位に劣等感を生じさせ、決して解消されることのない影響を彼らの心と知性に与える可能性がある。教育機会における分離の影響は、カンザスの裁判における裁判所の認定［公教育の分離は黒人の子どもに有害な影響があると認めた］によって明言されたが、それでもこの裁判所は黒人原告の主張を却下せざるを得なかった。

公教育における白人と有色人種の子供の分離は、有色人種の子どもたちに有害な影響を与える。その影響は、法の制裁を伴う場合、より大きくなる。なぜなら人種分離政策は通常、黒人グループの劣等性を意味していると解釈されるからである。劣等感は子どもの学習意欲を損なう。したがって法の制裁を伴う人種分離は、黒人の子どもたちの教育と精神の発達を阻害し、人種的に統合された学校制度であれば受けられるであろう恩恵の一部を彼らから奪う傾向を持つ。

公教育の場において、『分離すれども平等』という原理は成立しないものとわれわれは結論する。分離された教育施設は本質的に不平等である。したがって、われわれは訴訟を提起した原告および同様の状況にある人々が、訴えの理由となった人種分離によって、憲法修正第一四条によって保証された法の上の平等の保護を剥奪されていると判断する。

——アメリカの公教育における人種分離を違憲とする判決

052 ニキータ・フルシチョフ

「個人崇拝について」――一九五六年二月二五日

“Cult of the individual”

ソビエト共産党第二〇回大会は一九五六年二月二四日に閉幕した。しかしその翌日、予定外の会議が招集され、報道陣や傍聴人を排除した秘密会議が開かれた。一九五三年にスターリンが死去した後の権力闘争の覇者となったフルシチョフは、その席で重大な発言をした。

一九三〇年代にスターリンが実行した大粛清と、彼が生み出したフランス革命の恐怖政治に匹敵する恐怖と疑心暗鬼に満ちた空気は、公然の事実だった。しかしスターリンが奨励した圧倒的な「個人崇拝」

のせいで、誰も批判を口にすることはできなかった。自分は誰より賢明であり、ソビエト連邦および共産党の利益のために孤軍奮闘している。したがって自分が行なういかなる権力の乱用も正当化されるとスターリンは人々に思い込ませた。

スターリンの非道な行為について人々が声を上げる勇気を持てたのは、その死から三年たってからだった。フルシチョフは第二〇回大会後の秘密会議で、一九三四年の第一七回大会以後、スターリンは集団的意思決定の原則を踏みにじってきたと厳しく批判した。フルシチョフが一九五六年の党大会に出席した代議員に指摘したとおり、一九三四年の党大会で選出された「一三九名の中央委員およびその候補者のうち、実に七〇パーセントに相

フルシチョフは注意深く、共産党をスターリンの独裁主義の共犯者ではなく、犠牲者と位置づけた。党を批判すれば、共産主義およびロシア革命全体に泥を塗ることになっただろう。この演説を非公開にした理由を、フルシチョフは「われわれはこの問題を党の外部、とりわけ報道陣に漏らすわけにはいかない。われわれは敵の目の前で汚れた下着を洗ってはならないのだ」と語った。

当する九八名が逮捕され、銃殺された」。スターリンは「人民の敵」という概念を作り上げ、彼の意見に反対する者は誰でも残虐な弾圧の対象になった。個人崇拝は「欠点の隠蔽と現実の美化」をもたらし、「わが国はおべっか使いと偽りの楽天主義や欺瞞に長けた者ばかりになった」

第二〇回大会に出席した代議員は、「レーニンの遺書」と呼ばれる文書を配布された。これは彼らの最初の指導者であるレーニンが、自分の死期が近いのを悟って革命の将来を考えて書き残したものである。フルシチョフはレーニンがスターリンについて書いた部分を読み上げた。「私は彼がつねに必要な慎重さをもってこの権力を行使できるかどうか確信が持てない」。フルシチョフはスターリンとは対照的に、穏健で物静かだったレーニンの人柄を引き合いに出し、レーニンはスターリンを「ただひとつの資質、すなわち大いなる寛容さ、大いなる忠誠心、大いなる情け深さの点で、スターリンとは異なる人物」と交代させるのを願っていたと述べた。

フルシチョフはスターリンの虚栄心に攻撃の矛先を向けた。ソ連で大祖国戦争と呼ばれる第二次世界大戦を題材にしたプロパガンダ映画をやり玉にあげ、その映画の中で、「スターリンは、ソ連が手にした勝利はすべて、他の誰でもないスターリンただひとりの勇気と大胆さ、そして非凡な才能の賜物だと思い込ませようとした」と批判した。フルシチョフはスターリンの功績ついて、「彼が生きている間に書籍やパンフレット、研究論文がもうたくさんと言うほど書かれた」と揶揄した。

フルシチョフは一九四八年に「スターリンがじきじきに承認し、編集」して出版されたスターリンの伝記に触れて、スターリンが要求したいくつかの訂正や追加部分を指摘した。その中に、一見謙虚なこんな言葉があった。「スターリンは自分の業績がほんのわずかでも虚栄とうぬぼれ、そして自画自賛によって損なわれるのを決して許さなかった」。フルシチョフは、「これほどまでに自分を称賛できる指導者が、いつ、どこにいただろうか？」と批判した。彼のこの発言に、聴衆の一部から遠慮がちな笑い声が上がった。

しかし、弾圧の恐怖が取り除かれて喜ぶ人ばかりではなかった。スターリンの故郷グルジア［現ジョージア］では、彼らの偉大な息子に対するフルシチョフの批判が伝えられると暴動が起き、鎮圧のために赤軍が出動する騒ぎになった。党大会の代議員の中には、スターリン主義が覆された衝撃のあまり心臓発作を起こす者もいた。また、信じていた偶像が破壊されたために、あるいは報復を恐れて、自殺した者もいた。

ポーランドやアルバニアの強硬なスターリン主義者は、フルシチョフの修正主義を批判した。当時のポーランド指導者は党大会の数日後にモスクワで不可解な死を遂げた。一九五六年にポーランドとハンガリーで起きた反ソ暴動は、スターリン時代の独裁体制がフルシチョフによって揺らいだのが原因だと非難された。それまでお互いのマルクス主義革命を支持し合っていた中国とソ連の両大国は、中国がスターリン主義への忠誠を捨てようとしなかったために袂を分かった。

スターリンは、ソ連が手にした勝利はすべて、他の誰でもないスターリンただひとりの勇気と大胆さ、そして非凡な才能の賜物だと思い込ませようとした。戦争映画はどうだろうか。見れば気分が悪くなるようなしろものだ。『ベルリンの陥落』〔一九四九年公開のソ連映画〕を思い出してほしい。出てくるのはスターリンだけだ。空席が目立つ会議室でスターリンが命令を下している。軍の司令官はどこにいる？　共産党政治局は？　政府は？　彼らは何をしていたのか、何に携わっていたのか？　この映画には彼らについて何も描かれていない。

同志諸君！　個人崇拝がこれほど途方もない化け物のように大きくなったのは、ひとえにスターリン自身が、おのれの栄光が称えられるように仕向けたからなのだ。一九四八年に出版されたスターリンの短い伝記は、スターリンがじきじきに承認し、編集した、唾棄すべきうぬぼれそのものだ。彼は自分の業績が十分称賛されていないと感じた部分に印をつけた。スターリンが自分の手で書き加えた、スターリンの行為をほめそやしている例を挙げよう。「党と国家を導く力は同志スターリンであった」。スターリン自身がこれを書いたのだ！　続けて彼はこう言っている。「彼は人民の指導者としての務めを申し分のない手腕で果たしたが、スターリンは彼の業績がほんのわずかでも虚栄とうぬぼれ、そして自画自賛によって損なわれるのを決して許さなかった」。これほどまでに自分を称賛できる指導者が、いつ、どこにいただろうか？同志諸君！　個人崇拝は党の民主主義に対するおこがましい冒瀆であり、あらゆる種類の逸脱や欠点の隠蔽と現実の美化をもたらした。わが国はおべっか使いと偽りの楽天主義や欺瞞に長けた者ばかりになった。

――スターリンの全体主義に対する最初の公式な批判となった「個人崇拝について」

053
ハロルド・マクミラン

「変革の風がこの大陸を吹き抜けている」——一九六〇年二月三日

"The wind of change is blowing through this continent"

一九六〇年初めにイギリス首相ハロルド・マクミランは、大英帝国のアフリカ植民地へ視察旅行に出た。イギリスが責任を負っている国々の政治温度を肌で感じるのが目的だった。旅を終えて、マクミランは南アフリカ共和国議会で演説した。彼が述べた結論は聴衆に衝撃を与え、アフリカ大陸に訪れる大きな変革を予告した。

南アフリカ連邦は一九一〇年に四つのイギリス植民地——ケープ、ナタール、トランスバール、オレンジ・リバー――が合併して成立し、正式に大英帝国の自治領となった。自治領には自治権が認められ、イギリス人総督が置かれた。総督は注意深く、しかし第三者的な立場で監視の役割を果たした。一九六〇年に南アフリカ連邦は建国五〇周年を迎えるため、マクミランの議会演説はその祝賀の一部として予定された。しかしマクミランはその場を借りて、戦後の帝国主義の現実を直視する演説をした。「変革の風がこの大陸を吹き抜けている」とマクミランは語った。「われわれはそれを事実として受け入れなければならず、わが国の政策はそれを考慮したものでなければなりません」

一九六〇年初めには、イギリスはまだアフリカの一六カ国を植民地として支配していた。しかしそれらの国々に高まる独立の気運は無視できないところまで来ていた。マクミランは、「この国家意識の高まり」は西洋文明の成果であると述べ、科学の普及、経済生産や通信技術、そして何より教育の向上のおかげであると指摘した。第二次世界大戦中にイギリス兵として従軍したアフリカ人は、彼らの貢献を

1960年2月、南アフリカ連邦首相ヘンドリック・フルウールトの隣に立ち、群衆に帽子を掲げるハロルド・マクミラン。マクミランの言葉に反発した南アフリカ連邦は、翌年共和国への移行を宣言した。

イギリスに認めてもらいたいと願っていた。また、イギリスで大学教育を受け、祖国の統治に関心も能力もある新世代のアフリカ人指導者も誕生していた。

イギリスの立場はどうかと言えば、戦争によって国力は弱まり、巨大な帝国を運営する富も活力もすでに失われていた。インドは一九四七年に独立を認められた。アフリカでは一九五〇年代にガーナ、ソマリア、エリトリアが主権を獲得した。騒乱は他の国にも広がり、特にケニアではイギリスの支配に抵抗するマウマウ団の乱が起き、イギリス軍は鎮圧のために取り返しのつかない巨額の出費を余儀なくされた。

深刻な政治的懸念となっていたのは、共産主義の拡大だった。共産主義は第二次世界大戦後の各国の不満と不安定に乗じて、勢いづく独立運動に影響を与える機会をうかがっていた。イギリスが独立承認を先延ばしにすれば、共産主義者の影響力に主導権を握られる可能性があった。「重要な問題は……どちら寄りでもないアジアとアフリカの諸国民が、東側と西側のどちらに傾くかです」とマクミランは警告した。「この闘争は万人の闘争であり、人々の思想をかけた闘争なのです」

南アフリカ連邦の少数派の白人支配者たちは、マクミランの演説に驚愕して言葉を失った。母国の首相が、自国の基盤となる原則――白人至上主義とアパルトヘイト――を実質的に支持しないと言ったのだ。「率直に言わせていただければ、あなた方の政策には、自由な人間の政治的宿命に対するわれわれの深い確信に背かない限り、「南アフリカ連邦を支持することが」不可能な側面があります」

慣習にしたがって、南アフリカ連邦首相ヘンドリック・フルウールトはマクミランの演説に返礼するために立ち上がった。彼は困惑して言葉を失っていた。「私たちの意見が異なるとしても、率直なご意見に感謝します」。しかし、とフルウールトは続けた。「アフリカの黒人だけでなく、白人にも正義がなくてはなりません。私たちは白人ですが、私たちがいるのはアフリカです。そのことが私たちに特別な義務を課していると信じています」。一年後、南アフリカ連邦は共和国への移行を宣言し、イギリス連邦から離脱した。一九六五年にはケニアがその後に続いた。アパルトヘイト政策はいっそう強化され、これらの国ではアフリカ人のナショナリズムに対する弾圧がますます暴力的になった。

イギリスではマクミラン自身が所属する保守党の右派から、この政策転換に対する激しい反発が沸き起こった。彼らは大英帝国の存続を願っていた。しかし大英帝国最後の日々は尽きようとしていた。それから一〇年以内にアフリカで一二のイギリス植民地が自己決定権を得た。大英帝国は正式に解体されたわけではないが、それから四〇年かけて徐々に植民地を手放した。一九九七年の中国への香港返還は、二〇世紀の幕引きにふさわしい出来事であり、絶好のタイミングで帝国の終末を飾った。

†

今日、世界は三つの主要グループに分割されています。第一は、私たちが西欧列強と呼ぶ国々です。あなた方の南アフリカ連邦と、わがイギリスはこのグループに属し、イギリス連邦の他の地域の友好国や同盟国もここに加わります。アメリカやヨーロッパではこれを自由世界と呼んでいます。

第二は共産主義諸国――ロシアとヨーロッパの衛星国、そして中国です。中国の人口は今後一〇年間で八億という驚異的な数に達するでしょう。

第三は、目下のところ、共産主義とわれわれの西洋思想のどちらにも国民が傾倒していない地域です。

この第三の地域としてまず考えられるのがアジア、次にアフリカです。私の見るところ、二〇世紀後半の重要な問題は、どちら寄りでもないアジアとアフリカの諸国民が、東側と西側のどちらに傾くかです。彼らは共産主義陣営に取り込まれるのか？　あるいはアジアやアフリカで、特にイギリス連邦で現在行なわれている壮大な自治の試みがすばらしい成功を見せ、その抗いがたい先例によって、天秤は自由と秩序と正義の側に傾くのか？

この闘争は万人の闘争であり、人々の思想をかけた闘争なのです。現在試されているのは、私たちの軍事力や外交・政治手腕を超えるものです。試されているのは、私たちの生き方なのです。まだどちらの立場にも傾いていない国々は、選ぶ前に確かめたいと思うでしょう。

――南アフリカ連邦で行なわれ、帝国の時代の終わりを告げた「変革の風」の演説

054

エルビス・プレスリー

「ここに戻れて俺がどんなに幸せか、きっと君らにはわからないよ」――一九六〇年三月七日

"You'll never know how happy I am to be here"

エルビス・プレスリーはショービジネスの世界で人気の絶頂にあったとき、徴兵されて入隊した。彼は除隊後にメンフィスにあるグレイスランドと呼ばれる自宅に戻り、記者会見を開いた。彼がこれから何をしようとしているのか、世界は固唾を呑んで耳を傾けた。

一般のアメリカ人男性と同様に、エルビス・プレスリーも二一歳を迎えると徴兵の対象になった。他

のアメリカ人男性と違うのは、エルビスがショービジネスの世界で並ぶもののいない有名人であり、彼も、熱狂的なファンも、そして軍隊も、それを十分承知していたという点にある。ファンは兵役期間中にエルビスが見られないことに衝撃を受け、陸軍や海軍はどちらも兵士に娯楽を提供することを条件に特別待遇を申し出た。

プレスリーの仕事全般を取り仕切っていたマネジャーのトム・パーカー大佐は、こうした軍の申し出を断り、他の人々とまったく同じように一般人として入隊するよう彼を説得した。長い目で見ればその方がプレスリーにとっていいはずだとパーカーは主張した。実際、普通の人と同じように二年の兵役を果たしたことで、エルビスは軍隊仲間の称賛を勝ち取った。彼は普通の男性のひとりとして軍務を果たしたのを誇りにした。兵役中に経験したもっとも重要な出来事を聞かれて、エルビスはこう答えている。「何より大きかったのは、俺がみんなとまったく同じ仕事をしたことだ。俺は他のみんなと同じように、真剣に

エルビスは1960年4月に、映画『GIブルース』で主演を務めた。

取り組もうと努力した」

エルビスが兵士としてドイツに赴任する二カ月前、最愛の母が四六歳の若さで亡くなった。母の死は外国勤務中も、長い間エルビスに暗い影を投げかけた。滞在中、彼はどうしようもないホームシックに苦しんだ。除隊してグレイスランドに帰った彼は、「ここに戻れて俺がどんなに幸せか、きっと君らにはわからないよ」と報道陣に語った。「今朝誰かが俺に、メンフィスの何が恋しかったかと訊いたんだ。俺は答えたよ。『全部』って」

プレスリーとパーカーにとって一番心配だったのは、ステージと録音スタジオから遠ざかっていた二年間が、仕事にどんな影響を与えるかだった。一九六〇年になると、ラジオはロックンロールよりもっと親しみやすいポップソングをかけるようになった。記者たちはにやにやしながら、エルビスはトレードマークのもみあげをそのままにしておくのか、徴兵前にあれほどファンを騒がせた腰を揺らす動きをまだ続けるつもりかと質問した。パーカーはすでにエル

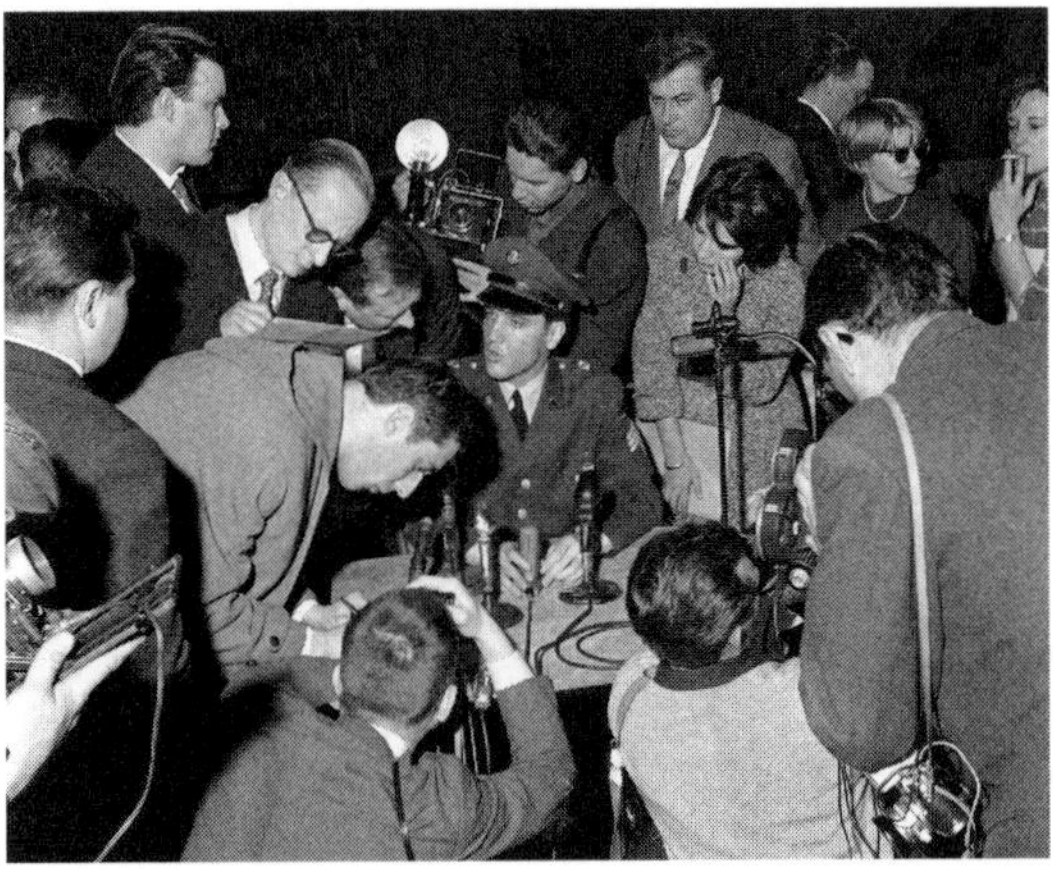

エルビスがイギリスに姿を見せたのは、帰国途中にスコットランドのプレストウィック空港で開いた短い記者会見だけだった。

ビスに演奏スタイルの変更を提案していた可能性がある。エルビスはグレイスランドで記者の質問にこう答えた。「音楽が変わったなら、俺も一緒に変わろうとしなきゃいけない」。帰国後初のステージとして、フランク・シナトラのTVショーにゲスト出演することが決まっていた。

帰国から二週間以内にエルビスはスタジオに復帰し、RCAレコードのためにナッシュビルのスタジオで六曲をレコーディングした。その中にはエルビスのロックンロールの完全復活となった『本命はお前だ』と、そのB面の『恋にいのちを』、そしてバラード曲の『固い枕の兵隊暮らし』が含まれている。パーカーはエルビスの歌手活動復帰のためにさまざまなプランを練った。フランク・シナトラのTVショーにゲスト出演する他に、一九六〇年三月から年末までに三本の映画への出演が決まった。一本目の『GIブルース』では、除隊後のエルビスにぴったりの米軍兵士役を演じた。エルビスは入隊に備えて基礎訓練を始める前、最後の仕事として映画『闇に響く声』の撮影に臨み、すっかり演技のとりこになった。俳優になることがエルビスの究極の目標だったのだろうか？「そう、今のところ俺がやりたいのはそれなんだ」と彼はグレイスランドで答えている。

兵役はエルビスの人生のターニングポイントになった。入隊前の彼はロックンロールの反逆児だった。二五歳で除隊したとき、エルビスは押しも押されもしないスターになっていた。彼の音楽はより穏やかになり、パーカー大佐が予想したとおり、兵役についたおかげで、これまでロックの王様エルビスの演奏はセクシーすぎるという理由で敬遠していた高年齢層にファンが広がった。エルビスが後に定期的にコンサートを開くようになるラスベガスの晴れ舞台は、すぐそこまで近づいていた。

一方、グレイスランドに群がったマスコミは、最新のゴシップを求めていた。エルビスがグレイスランドに戻る数日前、シナトラはニュージャージー州フォートディックスの陸軍基地に娘のナンシーを行かせ、除隊したばかりのエルビスに贈り物を届けさせている。ロマンチックな雰囲気はありましたか、と聞かれて、エルビスはこう答えた。「いや、ないな。なかったと思う。彼女はトミー・サンズと婚約しているし、彼が気を悪くするといけないからね!」では、ドイツに恋人を置いてきたのではありませんか?「特別な子はいないな。向こうでよく会っていた女の子はいる。……でもそんなに大げさなロマンスじゃないんだ。『エルビスが捨てた恋人』とかいう記事が出てた。そんなわけじゃないのに」

しかしそれは確かにロマンスだった。その少女はエルビスが六カ月前に出会った一四歳のプリシラ・ボーリューで、七年後にふたりは結婚する。ドイツにいたとき、彼はプリシラから片時も離れたがらないほど夢中だったが、グレイスランドの記者会見では決して本心を明かさなかった。「つまり、こういう質問に答えるときは気をつけなくちゃいけないんだ!」と彼は記者たちに冗談を言った。

†

――エルビス、ナンシー・シナトラについて質問がありましたが、他のロマンスはどうですか？　たとえばドイツに恋人を残してきたとか？
エルビス――特別な子はいないな。向こうでよく会っていた女の子はいる。その子のお父さんが空軍にいるんだ。実際には彼らが着任したのは俺が帰国するわずか二カ月前だった。俺はときどき彼女と会って、帰国するときに電車や空港で一緒に過ごした。それで彼女の写真が撮られてしまったんだ。でもそんなに大げさなロマンスじゃないんだ。『エルビスが捨てた恋人』とかいう記事が出てた。そんなわけじゃないのに。つまり、こういう質問に答えるときは気をつけなくちゃいけないんだ！

――記者会見「除隊して懐かしのわが家へ」

055 フィデル・カストロ

「わが国を支配するのは大使館ではない。支配するのは国民なのだ！」——一九六〇年九月二六日

"No embassy rules our country; our country is ruled by its people!"

フィデル・カストロは国連に集まった世界の指導者たちに、「簡潔に終わらせますからご安心ください」と言った。四時間半後、国連の舞台で行なわれたもっとも長い演説を終えて、彼は席に着いた。キューバの新しい首相に強い警戒心を抱いていたアメリカ合衆国代表は、対立姿勢を崩さないまま会議室を去った。

一九五九年にはキューバの土地の七〇パーセントが、そして主要産業である製糖業のほとんどすべてが、外国、すなわちアメリカ資本によって所有されていた。カストロはアメリカの傀儡であるバティスタ大統領の軍事独裁政権を倒した後、この国の天然資源を再分配するために土地と産業の国有化を進め、シェルやエッソの精油所も接収した。収用した財産の元所有者に二〇年満期の公債で補償するというカストロの提案を、アメリカは拒否した。

アメリカは報復措置として、キューバにいくつかの経済制裁を課した。中でもキューバ産の砂糖の輸入停止措置は、この国の経済に大きな打撃を与えた。しかしカストロが重視したのは経済よりむしろ社会改革だった。彼は賃金を平等化し、家賃を半分に削減し、教育施設を改善した。さらに接収した土地をキューバのもっとも貧しい層に分配した。同時にカストロはキューバの交通機関を改善するために多額の資金を投入し、「帝国主義者の攻撃に備えてわが国の労働者を武装化するために」、キューバの軍備と民兵

フィデル・カストロは長年にわたり、アメリカの外交政策の悩みの種だった。

組織を拡大した。ベルギーからマイアミを経由してキューバに到着した軍需品の輸送船が原因不明の爆発を起こすと、カストロはアメリカを非難し、両国間の緊張はさらに高まった。

国連総会に出席するためにニューヨークを訪れたキューバ代表は、予定されていたニューヨーク中心地の高級なシェルバーン・ホテルではなく、ダウンタウンのハーレム地区にあるホテル・テレサに滞在することにした。カストロはそこでアメリカのカウンターカルチャーの代表者や黒人指導者のマルコムX、ビート詩人のアレン・ギンズバーグらと懇談した。カストロに会うためにホテルを訪れた人の中には、同じく国連総会に出席するためにニューヨークに来ていた数カ国の首脳もいた。ソビエト連邦首相ニキータ・フルシチョフもそのひとりで、彼は冷戦における有望な同盟相手としてカストロに期待していた。

こうした状況がことごとくアメリカ政府の神経を逆なでする中で、カストロは国連演説で長口舌を振るって、キューバの政治経済問題に干渉するアメリカを容赦なく非難した。カストロはきっぱりと、「革命が国家を破壊するのではなく、帝国主義政府が国家を破壊しようとしている」と述べた。彼は革命政府がアメリカの所有する独占企業を解体した状況を説明した。それらの企業はキューバ産業の大部分——鉱山、銀行、石油、製糖、電話、電力——を所有し、その利益は過去一〇年間にわたり、一〇億ドルもの金額となってキューバ国外に流出した。「そしてわが国の経済発展にはほんの少しも貢献しなかった」

国連もまた、カストロの痛烈な批判を免れなかった。彼は国連が国際問題における役割を利用して、体制を打破しようとする小国の革命を潰してきたと非難した。国連が中国の加盟を拒否したことに触れ、カストロは「それは実に馬鹿げた話だ」と述べ、スペイン代表を指さしながら、「たとえばここにはフランコの代表がおられるのに」と言った。

長い演説だったが、カストロは途中で何度も喝采を浴びた。多くはフルシチョフの先導によるものだが、少し前に［一九五六年］スエズ運河を国有化して主要国を怒らせたエジプト代表もカストロに拍手を贈った。カストロは多数の小国、特に南アメリカ諸国から、アメリカの横暴に屈しない姿勢を称賛された。アメリカはただちに報復として、ニューヨークのアイドルワイルド空港に駐機していたキューバ代表の飛行機を、アメリカ企業に対する借金返済の代わりとして押収した。フルシチョフが即座に自分の飛行機をキューバに貸したため、アメリカの行為は政治的に裏目に出た。カストロはソ連機のタラップの上で、「ソ連はわれわれの友人だ」と言った。「アメリカは飛行機を奪い、ソ連は飛行機を与えてくれた」

国連総会後、アメリカはキューバとの国交を断絶し、経済的封じ込め政策を行なった。そしてカストロ政権の弱体化や転覆を目的として、無分別な破壊活動を開始した。そのひとつがピッグス湾事件［一九六一年のアメリカＣＩＡによるキューバ侵攻計画］である。カストロのボディガードの推測によれば、六三八回におよぶカストロ暗殺計画があった。フィデル・カストロはオバマ大統領がアメリカとキューバの国交回復を宣言してから一年後、老衰のため亡くなった。

†

この組織［国際連合］に加わったばかりの国々、独立国家として誕生したばかりの国々は、わが国の歴史を心に留め、それらの国々が歩む道の途中で彼らを待ち受けているかもしれない同様の状況に注意するとよいだろう。それは彼らの時代ではなく、その次の世代、あるいはその子どもたちや孫たちの時代かもしれないが、われわれにはそんなに遠い先の話ではないように思える。

それからわが国の新たな植民地化が始まった。アメリカ企業が最高の農地を取得し、キューバの天然資源と鉱山の利権、搾取を目的とした公益事業の利権、そしてあらゆる商業的利権を握った。これらの利権は憲法によって――強制された憲法によって――認められたわが国への内政干渉の権利と結びついて、わが国をスペイン植民地から、アメリカの植民地に変えた。

植民地は声を上げることができない。植民地は自分の意見を述べる機会を手にするまで、誰にも知られずにいる。だからわれわれ植民地とその問題が、これまで世界に知られることはなかったのだ。地理の本にはひとつの国として国旗や紋章が書かれていた。地図の上には他国と違う色に塗られたひとつの島があった。しかしそれは独立した共和国ではなかったのだ。自分をごまかすのはやめよう。自分をごまかしても馬鹿を見るだけだからだ。誤解されないようにはっきり言おう。独立した共和国など存在しなかった。そこにあるのはただ、アメリカ合衆国大使館から命令される植民地に過ぎなかったのだ。

このような宣言をしなければならないのを、われわれは少しも恥じてはいない。むしろその逆なのだ。今日われわれは、どの国の大使館もわが国を支配していないと誇りを持って言える。わが国を支配しているのは国民なのだ！

——四時間半続いた国連最長の演説

056

マーヴィン・グリフィス＝ジョーンズ

『チャタレー夫人の恋人』わいせつ裁判――一九六〇年一〇月二〇日

Lady Chatterley's Lover Obscenity Trial

D・H・ロレンスの最後の小説『チャタレー夫人の恋人』は、英語で書かれたにもかかわらず、一九二八年にまずイタリアで発売された。イギリスでは一八五七年のわいせつ出版物法に規制されて、出版することができなかった。この法律が一九五九年に改正されると、ペンギン・ブックスはこの本をペーパーバックで出版することに決めた。

改正された法律では、作品全体の文学的価値によって正当化されるならば、わいせつ表現を含む出版

物の出版が認められることになった。それまで露骨な性的描写を含む作品は、悪影響を受けやすい読者を堕落させると裁判官が判断した場合、自動的に出版を禁止されていた。イギリスでは『チャタレー夫人の恋人』はかなり修正され、一九三二年に出版された。アメリカでは最初、一九二九年に出版が禁止されたが、一九五九年に許可された。ヨーロッパでは英

1963年のプロヒューモ事件の裁判中に撮影されたマーヴィン・グリフィス＝ジョーンズ。『チャタレー夫人の恋人』裁判では失敗したが、イギリス政界を揺るがしたこの事件ではソ連のスパイと親交のあった医師スティーブン・ウォードの起訴を担当した。

語の無修正版がドイツとスウェーデンの出版社から刊行され、文学好きな旅行者はそれを買って、税関職員の目をかいくぐってイギリスに持ち込むことができた。国王ジョージ五世はメアリ王妃の手元にあった一冊を発見して押収したと言われている。

ペンギン・ブックスが一九六〇年にペーパーバック版を出版することに決めたのは、新しいわいせつ出版物法の判断基準を確かめるための計算ずくの行動だった。ペンギン・ブックスがこの本を出版当日に警察に届けると、九日後の八月二五日に召喚状が届き、この件は一〇月二〇日にオールドベイリー裁判所に持ち込まれた。被告側の抜け目のない弁護と、検察側の完全な不手際の両方が影響した結果、最終的な判決が出された。弁護側は文学界、宗教界、学界から三八名の証人を呼び、この本の道徳および文学的価値を証言させた。検察側はひとりも証人を出さなかった。法廷でこの本を救った一番の功労者は、検事のマーヴィン・グリフィス＝ジョーンズその人だった。

グリフィス＝ジョーンズは受勲した戦争の英雄で、逮捕されたナチの戦争犯罪人に対するニュルンベルク裁判でイギリスの検察チームの一員を務めて注目された。一九五五年にはルース・エリスという女性を殺人罪で起訴し、エリスはイギリスで死刑を執行された最後の女性となった。しかしわいせつ出版物の問題は彼の手に余った。グリフィス＝ジョーンズは文学やセックス、そして普通の男女について、何ひとつわかっていなかったのだ。

それは裁判初日の冒頭陳述ですでに明らかだった。陪審にこの本のわいせつ性と文学的価値を判断するよう求めた後で、彼はこう続けた。「みなさんはご自分のまだ若い子息や娘たち――というのは女子でも男子と同じくらい本が読めるわけですから――がこの本を読むのに賛成できますか？　この本が家にあるのを放っておけますか？　これは妻や使用人に読ませたいと思う本でしょうか？」

法廷は笑いに包まれた。第二次世界大戦前ならイギリスの中流家庭に使用人がいるのは当たり前だったが、今やそれは昔話だ。そして妻だろうと娘だろうと、女性は戦時中に国を支える重要な役割を果たしていたから、女性を見下す発言は不適切としか言いようがなかった。

冒頭陳述の後半に、グリフィス＝ジョーンズはまるで見どころの多いサッカーの試合結果でも語るように、本の中で使用された卑猥な言葉とその頻度を数え上げた。裁判の途中、彼はロレンスのある性描写は理解に苦しむと言った。「あの場面で作者が実際に何をほのめかしているのか、理解するのが容易でない、ときどき容易でないときがあります」。この発言は、いったいどの場面のことをほのめかしているんだ、と冗談の種にされた。

『チャタレー夫人の恋人』裁判の傍聴席に座るために何時間も並ぶロンドン市民。

グリフィス＝ジョーンズに代表される体制側の人々が、戦後の世相について何もわかっていないのは明らかだった。女性三名、男性九名からなる陪審は全員一致でペンギン・ブックスに無罪の評決を出した。この裁判は世間の注目を浴び、無罪判決が出たことで本の売上は急上昇した。

この本がよく売れたのは、三シリング六ペンス(イギリス通貨に十進法が導入された後の価格では一七・五ペンス。当時の一〇本入り煙草一箱分だった)という値段の安さのためもある。安いペンギン・ブックスのおかげで、何千人という庶民が『チャタレー夫人の恋人』や、ペーパーバック版の名作文学を手に入れることができた。この小説が読者の道徳観を堕落させたかどうかはともかく、その裁判は一九六〇年代に出現した「寛容な社会」の始まりを象徴するものとなった。

057
ジョン・F・ケネディ

「国家があなた方のために何をしてくれるかではなく、
あなた方が国家のために
何ができるかを問うてください」——一九六一年一月二〇日

"Ask not what your country can do for you; ask what you can do for your country"

歴代アメリカ大統領の就任演説の中でも最高傑作と評価されているジョン・フィッツジェラルド・ケネディの演説は、大胆なほどの理想主義に満ちていた。ケネディは二〇世紀生まれの最初の、そして最年少で選ばれた大統領だった。彼の演説には若さゆえの情熱がみなぎり、その言葉には楽観的でロマンをかき立てる力があった。

それはアメリカの政治における画期的な瞬間であり、胸の高鳴る出来事だった。公民権を支持するアイルランド系のカトリック教徒として、ケネディは彼の信仰を問題視する多方面からの反対に打ち勝ち、大統領選を僅差で制した。ケネディはテレビを味方につけて選挙戦を戦った初めての大統領であり、特に対立候補のリチャード・ニクソンとのテレビ討論で優位に立ったのが勝因とされている。彼の就任演説は史上初めてカラー放送された。

アメリカの理想を語るジョン・F・ケネディ。

ケネディはその若さによって現代のアメリカをそのまま受容していた。「どの時代のどんな民族とであれ、この立場を交換したいと望む者はわれわれの中にはひとりもいないと信じます」と彼は就任演説で語った。彼は大衆文化も排除しなかった。フランク・シナトラが取り仕切った就任式前日の祝賀パーティーには、映画や演劇界から人種を問わず、あらゆるスターが出席した(しかし異人種間結婚を表明していたサミー・デイビス・ジュニアは出席を認められなかった）。ケネディはこれまでに就任式に詩人を招いた三人の大統領の最初のひとりで、後のふたりはクリントンとオバマである。

当時大きな国際問題となっていたのは、フィデル・カストロ率いるキューバと共産主義の拡大だった。第二次世界大戦後にイギリスやフランスのような植民地帝国から旧植民地が次々と独立し、世界は不安定な状況にあった。アメリカとソ連は一カ国でも多く味方に引き入れようとして勢力争いを繰り広げた。大統領として初めて行なった演説の前半で、ケネディは古くからの同盟を維持するとともに、国際支援によって新しい同盟を促進する意欲を示した。「もし自由社会が多数の貧しい人々を救えないとしたら、少数の豊かな人々を救えるはずがありません」

ケネディは戦争中に南太平洋で目覚ましい働きをした経験があり、彼の理想主義は平和主義や軍縮には向かわなかった。「われわれの軍備が疑いの余地なく十分だと言えるときこそ、その軍備が使われることは決してないと疑いの余地なく確信できるのです」。しかし彼は核戦争を避けるためなら、平和的な交渉をするのもいとわないと述べた。「礼儀正しさは弱さのしるしではありません。恐れるがゆえに交渉するのではなく、交渉するのを恐れないようにしようではありませんか。両陣営はともに科学の恐怖ではなく、驚異を引き出そうではありませんか」。そのためにケネディは紛争ではなく協力を呼びかけた。「われわれはともに星々を探求し、砂漠を征服し、疫病を根絶し、深海を開拓し、芸術と商業を奨励しましょう」

戦争、そしてアメリカとソ連のイデオロギー対立に対する不安を思い出させた後、ケネディはアメリカの意志を明確に表明した。「南北アメリカは、これからも自分自身の家の主人であり続けます」。大統領としてこれから受け継ぐ世界の希望と恐怖に向き合った後、ケネディはまとめの言葉を述べた。「われわれをふたたび招集するためにトランペットが鳴っています。われわれに武器は必要ですが、武器を取れという合図ではなく、われわれは戦いに備えてはいますが、戦えという合図でもなく、来る年も来る年も『希望をもって喜び、苦難を耐え忍び』〔『新約聖書』ローマの信徒への手紙一二章一二節〕、長い混沌とした戦いの重荷を背負えという合図です。この戦いは、圧政、貧困、疫病、そして戦争そのものという人類共通の敵との戦いなのです」

ケネディは最後に、アメリカ国民の団結と主体的な参加を求めた。「そしてわが同胞のアメリカ人のみなさん、国家があなた方のために何をしてくれるかではなく、あなた方が国家のために何ができるかを問うてください」。そして世界中にテレビ放送されるこの演説を見守っている東西の視聴者を意識して、ケネディはこうつけ加えた。「世界中の市民のみなさん、アメリカがあなた方のために何をするかではなく、われわれが人類の自由のために、ともに何ができるかを問いましょう」

ケネディはその言葉どおり、キューバを舞台にソ連の好戦的な姿勢に立ち向かったが、キューバに押し寄せる共産主義の波を食い止めることはできなかった。ケネディは就任演説で語った理想主義的な約束を果たすため、公民権法の成立に尽力した。大統領就任後三年足らずで暗殺されていなければ、ケネディ大統領は歴史にどのような評価を残しただろうか。それを知ることはもう永遠にできない。理想主義者が一切妥協せず、理想に忠実なままでいられる例はきわめて少ない。しかし希望を語るケネディの雄弁な演説は、本当に大切なものに対してはできる限り妥協してはならないと人々を励まし続けている。

†

われわれをふたたび招集するためにトランペットが鳴っています。われわれに武器は必要ですが、武器を取れという合図ではなく、われわれは戦いに備えてはいますが、戦えという合図でもなく、来る年も来る年も「希望をもって喜び、苦難を耐え忍び」、長い混沌とした戦いの重荷を背負えという合図です。この戦いは、圧政、貧困、疫病、そして戦争そのものという人類共通の敵との戦いなのです。われわれはこれらの敵に対して、西も東も、南も北もひとつになって大規模な世界同盟を作り、人類のためにより実り豊かな生活を実現させることができるでしょうか？　みなさんはこの歴史的な努力に参加していただけるでしょうか？

世界の長い歴史の中で、自由が最大の危機にあるときに、自由を守る役割を与えられた世代はきわめてまれでした。私はこの責任に決してひるまず、むしろ喜んで引き受けましょう。どの時代のどんな民族とであれ、この立場を交換したいと望む者は、われわれの中にはひとりもいないと信じます。われわれがその目的に注ぐエネルギー、信念、そして献身は、わが国、そしてわが国のために奉仕するすべての人々を明るく照らし、その炎が放つ輝きが世界を真に明るく照らすでしょう。

そしてわが同胞のアメリカ人のみなさん、国家があなた方のために何をしてくれるかではなく、あなた方が国家のために何ができるかを問うてください。世界中の市民のみなさん、アメリカがあなた方のために何をするかではなく、われわれが人類の自由のために、ともに何ができるかを問いましょう。

最後に、アメリカ市民であれ世界市民であれ、われわれがあなた方に求めるのと同じ水準の力と犠牲をわれわれに求めてください。良心の安らかなることを唯一確実な報酬とし、歴史をわれらの行ないの最後の審判者として、神の恵みとご加護を願い、しかしこの地上において神の御業はわれわれ自身の働きによってなされるべきであることを忘れず、愛する国家を導くために進んでいこうではありませんか。

――就任演説

058 ジョン・F・ケネディ

「われわれは月へ行くことを選びます」――一九六二年九月一二日

“We choose to go to the moon”

ケネディは就任演説で、人類の利益のために力を合わせようとソ連に呼びかけた。「われわれはともに星々を探求しよう」と彼は語ったが、いわゆる宇宙開発競争は対立するイデオロギーの競り合いであり、ソ連は競争に勝ちつつあった。一九六一年、ケネディは思い切った決断をした。

ソ連は世界初の人工衛星スプートニク一号を打ち上げた。スプートニク二号は犬のライカを乗せて打ち上げられ、初めて宇宙に動物を送ることに成功した。ソ連の宇宙飛行士ユーリ・ガガーリンは宇宙に行った最初の人間となった。アメリカもこれらの偉業をすべて達成したが、つねにソ連に次ぐ二番手だった。さらにソ連は一九五九年に月面に無人宇宙船ルナ二号を着陸させた。

アメリカの面目は丸つぶれだった。ガガーリンの成功からわずか五日後、アメリカがキューバ侵攻を試みたピッグス湾事件が無様な失敗に終わったことも追い打ちをかけた。宇宙開発競争の次の段階は、人間を月に送り込むことだった。一九六一年五月二五日、ケネディは議会で演説し、「わが国はこれから一〇年以内に人間を月に着陸させ、地球に無事帰還させるという目標を達成するために全力を尽くす」と宣言した。

この野心的な目標を実現させるため、アメリカ航空宇宙局(NASA)はテキサス州ヒューストンに大規模な施設を設立した。アメリカの宇宙計画についてケネディが一般に向けて演説したのは、一九六二年にヒューストンを訪問したときだった。「確かにわれわれは後れを取っており、有人飛行に関してはしばらく追いつくのは難しいでしょう」とケネディは認めた。「われわれはいくつかの失敗を犯しましたが、その点では相手の国もわれわれと同じです。ただし彼らは決してそれを認めないでしょう」。しかしケネディは、プリマス植民地を築いたウィリアム・ブラッドフォードが一六三〇年に語った言葉を引用して、「あらゆる偉大で名誉ある行動は多大な困難を伴うが、どちらもそれにふさわしい勇気をもって取り組み、克服されなければなりません」と述べた。

この演説は大衆の心をつかみ、この壮大な計画にかかる莫大な費用と、利益が不明な点を指摘する反対意見を抑え込む効果があった。ケネディはふたつの面から反対意見に立ち向かった。ひとつは新しい科学がもたらす人類への利益、もうひとつはソ連に先駆けて月に到達することの重要性である。「われわれは大量破壊兵器によってではなく、知識と理解の手段によって埋めつくされた宇宙を見ると誓ったのです」と彼は言った。

宇宙計画に要するけた外れの費用――一九六二年の予算は五〇億ドル以上だった――は理解を得るのが難しかった。ケネディは賢明にもそれを人口ひとり当たりの金額にして発表した。宇宙予算はまもなく増えるだろうとケネディは認め、こう語った。「ひとり当たり週に四〇セントから、アメリカ国内の男女および子どもひとりにつき週に五〇セントに増えるでしょう」。この説明は、その程度なら大したことはないと思わせるのに成功した。「これはある意味で信念と未来像に基づく行

ヒューストンのライス大学で演説するジョン・F・ケネディ。

動であると私は理解しています。なぜなら、どのような利益が待ち受けているか、われわれにはわからないからです」

宇宙計画を価値あるものにしているのは、人類が宇宙から何を学べるかわからないという不確実さそのものであり、「知らないこと、答えられないこと、完結していないことがあまりに多く、われわれの集団的理解がいまだに追いつかない」という事実だった。ケネディの演説は理想主義と、進歩のために奮闘する人間の崇高さを感じさせた。

まだ半信半疑だった人々も、大統領の結びの言葉を聞いて心をわしづかみにされたに違いない。なぜエベレストに登りたいのかと聞かれた登山家のジョージ・マロリーの、「そこに山があるからだ」という答えを引用した後、ケネディはいったん言葉を切り、聴衆を見回して言った。「そこに宇宙があるから、われわれは登るのです。そこに月や惑星があり、知識や平和への希望がある。だからわれわれはこれまで人類が乗り出したもっとも困難で危険で偉大な冒険に、神の祝福あれと祈りながら船を出すのです」

ケネディは月へ行くというこの決断が、大統領としての自分のもっとも重要な仕事のひとつだと考えていた。一九六九年にニール・アームストロングが月面に降り立った瞬間は、人類の果敢な努力の象徴であるだけでなく、宇宙開発の分野におけるアメリカの優位の表明でもあった。一九六〇年代には、ともに力を合わせようというケネディの提案をソビエト連邦は拒絶した。しかしケネディの希望した協力の精神は、今では国際宇宙ステーションという形で実を結んでいる。

†

原子力科学やあらゆるテクノロジーと同様に、宇宙科学にはそれ自体の良心はありません。それが善の力となるか悪の力となるかは人間次第であり、アメリカが優位な立場を独占していればこそ、この新しい大洋が平和の海となるか、恐ろしい新たな戦場となるかをわれわれが決められるのです。土地や海洋を自分勝手に利用する敵に備えなければならないのと同様に、われわれは宇宙を悪用する敵に備えなければなりません。しかし戦いをあおらず、世界中でわがもの顔に権利を主張するこれまでの人間の過ちを繰り返さずに、宇宙を探求し、征服することはできると私は考えています。

これまでのところ、宇宙には小競り合いも偏見も紛争もありません。宇宙の危険は人類に共通の難問であり、宇宙の征服は人類最高の知恵を傾けるに値します。しかしなぜ月なのかと言う人もいるでしょう。なぜそれをわれわれの目標に選ぶのか？ もっとも高い山に登るのはなぜかと問いたい気持ちは理解できます。なぜ三五年前にリンドバーグは大西洋を飛んだのか。なぜライス大学はテキサス大学のホームグラウンドで試合をするのか［この演説はライス大学で行なわれ、ライス大学のアメリカンフットボールチームはテキサス大学のホームグラウンドで勝ったことがなかった」。

われわれは月へ行くことを選びます。われわれは一〇年以内に月へ行くこと、そして他のさまざまな目標を達成することを選びます。それが容易だからではなく、困難だからであり、この目標がわれわれの最高の力と技術を組織し評価するために役立つからであり、われわれが喜んで受けて立つべき挑戦、先延ばしにするのを望まない挑戦、そしてわれわれが勝つつもりでいるのと同様に、相手も勝つ気でかかってくる挑戦だからです。

――「われわれは月へ行くことを選ぶ」

059
ジョン・F・ケネディ

「イッヒ・ビン・アイン・ベルリナー（私はベルリン市民だ）」――一九六三年六月二六日

"Ich bin ein Berliner"

西側の民主主義国と東側の共産主義国が対立していた冷戦期、西ベルリンは東側に取り残された自由主義の宝であり、争いの的だった。ケネディ大統領は西ベルリンを訪問し、苦境に立たされた市民との連帯を宣言した。西ベルリンを守るという大統領の意思の表明は、かつてドイツの首都だった都市の運命のターニングポイントとなった。

第二次世界大戦後、ドイツはロシア、イギリス、フランス、アメリカの四カ国によって分割占領され

ドイツにはベルリナーという名のドーナツがあり、ケネディが「ベルリナー」の前に冠詞の「アイン」をつけたために、「イッヒ・ビン・アイン・ベルリナー」は「私はドーナツだ」という意味になるという説があった。しかしケネディのドイツ語は正しく、聴衆も彼の連帯意識の表れを十分理解していた

た。首都ベルリンもこの四カ国に分割されたが、ベルリンはソ連の統治する東ドイツ領域内にあった。そのため、アメリカ、フランス、イギリスの占領区域からなる西ベルリンは、共産主義の海に囲まれた資本主義の孤島となった。

一九四〇年代末にソ連は西ドイツと西ベルリンを結ぶすべての鉄道、道路、水路を封鎖し、西ベルリンを制圧しようとした。これに対抗して西側諸国は西ベルリンに物資を空輸したため、ベルリン封鎖と呼ばれるソ連の計画は失敗した。しかしソ連首相ニキータ・フルシチョフは西ベルリンを喉に刺さった骨にたとえ、東西ベルリンを再統一する決意を固めた。

フルシチョフは一九六一年にふたたび米英仏三カ国から西ベルリンの管理権を奪おうとし、ケネディはヨーロッパに配備する米軍を増強してこれに対抗した。東ドイツは報復として、東西ベルリンの境界を有刺鉄線で閉鎖した。その後コンクリートの壁が造られ、一九六三年には悪名高いベルリンの壁ができあがった。冷戦の緊張が高まるにつれて、ベルリンが第三次世界大戦の火種になりかねないという恐れが現実味を帯びてきた。

ケネディがベルリンを訪問したとき、彼はソ連を刺激せずにベルリン市民を激励するという任務を負っていた。しかし、そびえたつ壁の苛酷な現実と、チェックポイント・チャーリーと呼ばれる国境検問所から見える東ドイツの陰鬱な光景を目にしたとき、一七年前にチャーチルが「鉄のカーテン」演説で、バランス重視のやり方では手遅れになると警告したように、ケネディはもっと踏み込んだ話をしなければならないと悟った。彼は自由の価値を強く訴えようと決めた。

シェーンベルク市庁舎前広場の檀上から演説するほんの数分前、ケネディは原稿の初めと終わりに走り書きをした。ケネディは立ち上がって簡潔な謝辞を述べた後、台本になかった言葉を述べた。「二〇〇〇年前、もっとも誇り高い言葉は『キーウィス・ローマーヌス・スム(私はローマ市民だ)』でした。今日、自由世界でもっとも誇り高い言葉は『イッヒ・ビン・アイン・ベルリナー(私はベルリン市民だ)』です」

広場に詰めかけた群衆は、ケネディが演説を始める前に拍手喝采で迎えたが、この言葉を聞いてふたたび割れんばかりの拍手を贈った。続いてケネディは戦後一八年間包囲された状態にあるベルリン市民の不屈の力を称え、彼らを通じて西欧の価値観を称賛した。「自由には多くの困難があり、民主主義は完全なものではありません。しかしわれわれは自分の国の国民を閉じ込め、われわれのもとから立ち去るのを防ぐために壁を作ったことは一度もありませんでした。自由は分割できるものではなく、誰かひとりが奴隷の境遇にあれば、全員が自由ではないのです」

当時ケネディは公民権法を成立させる準備をしていて、この最後の言葉はベルリンだけでなく、アメリカでも反響を呼んだ。この日ドイツで、ケネディはベルリンを自由世界の切っても切れない一部だと宣言した。この演説でベルリン市民の士気はこの上なく高まり、ベルリンの自由を守り抜くという明確なメッセージがソ連に送られた。以後、ソ連は西ベルリンに手を出そうとしなかったが、コンクリートでできたベルリンの壁は鉄のカーテンの象徴として、それから二〇年以上存続した。一九八九年のベルリンの壁崩壊は、鉄のカーテンが引きずり降ろされるのを象徴する出来事だった。その翌年、ベルリンと東西ドイツは再統一された。

†

私は西ベルリンの闘志の象徴として世界中に知られる市長のお招きにあずかり、この都市を訪れたことを光栄に思います。

そして長年にわたってドイツを民主主義と自由と進歩に向かって導いたあなた方の高名な首相とともにこの連邦共和国を訪問し、同胞であるクレイ将軍を伴ってここにいることを誇りに思います。クレイ将軍はこの都市が最大の危機にあったときにその場にいました。そして必要とあればいつでも戻ってくるつもりでいます。

二〇〇〇年前、もっとも誇り高い言葉は『キーウィス・ローマーヌス・スム（私はローマ市民だ）』でした。今日、自由世界でもっとも誇り高い言葉は『イッヒ・ビン・アイン・ベルリナー（私はベルリン市民だ）』です。

世の中には自由世界と共産主義世界の間にどんな大きな問題があるのか、本当に理解していない人、あるいは理解してないという言う人が大勢います。その人たちにはベルリンに来てもらいましょう。

共産主義は未来の波だと言う人がいます。彼らにはベルリンに来てもらいましょう。共産主義者と協力できると言う人は、ヨーロッパにも他のどこにでもいます。彼らにはベルリンに来てもらいましょう。

そして共産主義は確かに邪悪な制度だが、われわれが経済的に発展するのを可能にすると言う人さえ、わずかながらいます。彼らにはベルリンに来てもらいましょう。

自由には多くの困難があり、民主主義は完全なものではありません。しかしわれわれは自分の国の国民を閉じ込め、われわれのもとから立ち去るのを防ぐために壁を作ったことは一度もありませんでした。

――「イッヒ・ビン・アイン・ベルリナー」

060

マーティン・ルーサー・キング・ジュニア

「私には夢がある」——一九六三年八月二八日

"I have a dream"

世界を変えた演説というものがあるとすれば、一九六三年に仕事と自由を求めるワシントン大行進の最後にマーティン・ルーサー・キング・ジュニアが行なった演説こそ、まさにその名にふさわしいと言えるだろう。その演説は、人種差別を禁止するケネディの公民権法が成立する基礎を築き、五〇年以上たった今も、人々の心に響く名演説として知られている。

一九六三年八月二八日、二五万人近い人々がワシントンDCを行進した。このデモは仕事と自由を求めるワシントン大行進と呼ばれ、アフリカ系アメリカ人が集結して人種差別撤廃を訴えた。公民権運動の勢いは強まる一方だった。アラバマ州で非暴力的手段による抗議活動が苛酷な弾圧を受け、その映像がテレビのニュースで報道されると、より多くのアメリカ人が改革を支持するようになった。ケネディ大統領が一九六三年六月に新公民権法案を議会に提出したのを受けて、大統領の理念に対する支持を表明するために、ワシントン大行進が開催された。

行進の終点はリンカーン記念堂で、そこからワシントン記念塔まで大群衆が広がっていた。広場を埋め尽くす人の波に向かって、キングは多数の公民権運動家の最後に演説した。キングはこの演説を過去数回、異なる形で行なってきたが、構成、情熱、効果の点において、その日のワシントンでの演説ほど人々の心を揺さぶったことはなかった。

キングは明敏な政治家であり、その演説には豊かな教養がちりばめられていた。彼は一〇〇年前のリンカーンの奴隷解放宣言や国歌、そして合衆国憲法をここぞというところで引用し、それらに謳われた平等の約束はまだ果たされていないと聴衆に告げた。この演説はその場にいる人々だけでなく、他の何百万人ものアメリカ人とともにテレビを見つめているであろうケネディ大統領にも向けられていた。

キングは牧師でもあったので、目の前の群衆に簡潔なわかりやすい言葉で語り、彼らが分かち合う苦しみへのいたわりと、変革の可能性への希望を伝えた。キングはまるで聖歌隊の指導者のように、リズムと繰り返しを用いて音楽的な口調で話した。「公民権運動に身を捧げている人々に、『あなた方はいつになったら満足するのか？』と尋ねる人がいる。われわれは黒人が警官の筆舌に尽くしがたい暴力の犠牲になっている限り満足できない。われわれの子どもたちが『白人専用』という掲示によって人格をはぎ取られ、尊厳を奪われている限り満足できない。正義が洪水のように、公正が大河のように流れ下る［『旧約聖書』アモス書の言葉］まで、われわれは決して満足しないだろう」

キングは不満から希望に話を転じ、アメリカンドリームを語った。「私には夢がある」という主題が繰り返されるキングの言葉は、希望の歌のように響いた。キングは団結と平等が実現した世界を鮮やかに描き、特に将来の世代への希望を語った。「私には夢がある。いつの日か私の幼い四人の子どもたちが、肌の色によってではなく、人の中身によって評価される国に住むという夢が。今日、私には夢があ

キング牧師たちの演説を聞くために、リンカーン記念堂の前に広がるナショナル・モールをおよそ25万人の群衆が埋めつくした。

る！　私には夢がある。いつの日か……アラバマ州でさえ、幼い黒人の少年少女が、幼い白人の少年少女と兄弟姉妹のように手を取り合えるという夢が。今日、私には夢がある！」

キングは、「私には夢がある」を合計八回繰り返している。繰り返し使われた語句は他にもある。「この信念をもって」という言葉はひとつの段落に四回登場する。キングは国歌を引用した後、八つの州の山の名前をひとつずつ挙げ、国歌の一節を用いて、その山から「自由の鐘を鳴り響かせよう」と訴えた。キングがリズミカルな反復を用いて最後の希望を語ると、演説は最高潮に達した。その希望とは、その日彼の演説を聞いた人なら誰もがよく知っている黒人霊歌を、あらゆる人々がともに歌えるようになるという希望だ。それは「ついに自由に！　ついに自由になった！　全能なる神よ、感謝します。われわれはついに自由になった！」という歌である。

ケネディはこの演説からわずか三カ月後に暗殺されたが、彼が残した公民権法は、翌年リンドン・B・ジョンソン大統領によって成立した。キングの演説は当時から時代を代表する演説として称賛され、一九九九年には投票によって二〇世紀最高の演説のひとつに選ばれた。しかしそれ以上に重要なのは、この演説が何百万人というアフリカ系アメリカ人を奮い立たせたことだ。若き日のバラク・オバマもそのひとりである。

†

そして今日も明日も困難に直面するとしても、私には夢がある。アメリカンドリームに深く根ざした夢が。

私には夢がある。いつの日かこの国が立ち上がり、「われわれは自明の真理として、すべての人間は平等に創られていると信じる」という信条の意味を実現するだろうという夢が。

私には夢がある。いつの日かジョージア州の赤土の丘で、かつての奴隷の息子とかつての奴隷所有者の息子が、兄弟のように同じテーブルにつくという夢が。

私には夢がある。不正の炎に焼かれ、抑圧の業火に焦がされているミシシッピ州でさえ、いつの日か自由と正義のオアシスに変わるだろうという夢が。

私には夢がある。いつの日か私の幼い四人の子どもたちが、肌の色によってではなく、人の中身によって評価される国に住むという夢が。今日、私には夢がある！

私には夢がある。冷酷な人種差別主義者のいるアラバマ州、「州権優位」や「実施拒否」などの言葉を唇から垂れ流す州知事がいるアラバマ州で、いつの日かそのアラバマ州でさえ、幼い黒人の少年少女が、幼い白人の少年少女と兄弟姉妹のように手を取り合えるという夢が。今日、私には夢がある！

——「私には夢がある」

061 ハロルド・ウィルソン

「白く輝くテクノロジーの炎」——一九六三年一〇月一日

The White Heat of Technology

一九六三年には労働党が政権を奪われてすでに一二年たっていた。この年、労働党の党首ヒュー・ゲイツケルの急死に伴って、ハロルド・ウィルソンが党首に選出された。ウィルソンの最大の目標は、一九五一年に労働党が敗れてから三回目にあたる次の総選挙だった。スウィンギング・シックスティーズと呼ばれる活気あふれる六〇年代のイギリスで、変化は日常茶飯事であり、ウィルソンはそこに勝機を見出した。

ハロルド・ウィルソンが受け継いだ労働党は、党の将来の目標をめぐる内部対立によって分裂していた。第二次世界大戦によって国民全体が痛手を受けた後、変化を求める大衆の欲求が労働党を政権に押し上げたが、今やイギリスは伝統的な保守主義に回帰していた。しかし社会が戦争の苛酷さと戦後の耐乏生活から回復するにつれて、ファッションや社会通念、大衆文化、そしてテクノロジーの分野で変化が生まれ始めた。

戦争中は食品から弾丸まで、あらゆる製品を効率的に大量生産する必要があり、そのおかげでイギリスの産業、そして労働党の観点から見れば雇用される労働者も、科学とテクノロジーによって変容を遂げつつあった。肉体労働だけでなく、技術的専門知識を必要とする高賃金の新しい仕事が次々と登場し、労働党は支持層の中核を占める労働者階級が減少するのを恐れた。

科学は近代性の象徴であり、新製品は科学的効果を謳って宣伝された。そういう広告にはしばしば白衣を着て眼鏡をかけた科学者が登場して、製品の効果を保証した。それまでイギリスでは、どの政党の政府も科学者の意見に耳を貸そうとせず、国家の運営の方法は公職にある者が一番よく知っていると信じ、科学者は研究所で製品の研究をしていればいいのだと考えていた。ハロルド・ウィルソンは科学を味方につけることで、労働党が近代性と進歩と未来を象徴する党になるチャンスがあると判断した。特に、古臭く、名前からして伝統を重視する保守党の指導体制と、労働党との比較が明確に打ち出せると期待した。総選挙でぶつかる保守党の首相は、イートン校で教育を受けた第一四代ヒューム伯爵、アレクサンダー・ダグラス＝ヒュームだった。

ウィルソンが党首になって初の労働党年次大会がスカーバラで開かれ、ウィルソンはそこで科学を重視し、党のあらゆる政策に科学を応用すると約束した。「社会主義政党にラッダイト［産業革命期のイギリスで起きた機械破壊運動］は必要ありません」と彼は代議員に宣言した。「われわれは社会主義を科学に、そして科学を社会主義に結びつけなければなりません」。ウィルソンはケネディ大統領がアメリカでしたように、科学によって貧困と病気を克服し、通信、教育、生活水準を向上させる可能性を強調して、社会主義政府はこれらの利益を限られた人々ではなく、多数の人々に保証しなければならないと述べた。

「わが党の将来の計画のすべてにおいて、科学的革命という観点から社会主義を再定義し、再出発させる必要があります」とウィルソンは述べた。彼は次の総選挙の選挙公約の概略を述べ、科学・工学技術を促進する教育改革、イギリスの科学者

1963年にスカーバラで開催された労働党年次大会で演説するハロルド・ウィルソン。

のいわゆる頭脳流出を防ぐ努力、科学省の創設、主席科学顧問ポストの新設を表明した。

それだけなら悪い話ではなかった。しかしウィルソンは、二世紀前の産業革命期と同様に、第二の機械時代［産業革命を第一の機械時代とする］である現代に、科学が従来の労働習慣に与える脅威を認識してもいた。彼は労働組合の反対を前もって抑えるように要請した。「白く輝くこの革命の炎から生みだされるイギリスでは、競争を制限する慣行や労使双方の時代遅れのやり方は通用しないでしょう」

労働組合のある指導者が述べたとおり、ウィルソンの「白く輝く革命の炎」の演説は「科学を労働党のものにする」ことに成功した。労働党は一九六四年に政権に返り咲き、ウィルソンは首相を務めた四期のうちの一期目をスタートした。しかし彼の公約や改革にもかかわらず、約束した新しいイギリスを生み出し、労働組合の力を抑制することはできなかった。ウィルソンの理想は現実のものにはならず、テクノロジーが雇用水準にもたらす影響は、五〇年以上たった今も昔と同じように大きな懸念となっている。

今週のこの党大会にひとつの基本テーマがあるとすれば、それはこの国が新たな状況に適応するために長らく待ち望んできたもの、すなわち改革のテーマです。それはわが労働党が、そ

†

してわれわれ一人ひとりが直面しているテーマであり、挑戦なのです。

　ありふれた言い方になりますが、われわれは急速な科学的変化の時代に生きています。われわれの子供たちは、ほんの数年前ならSF小説として誰も本気にしなかったものを、日常生活の一部として受け入れています。現代のこの革命は、おそらくわれわれの一部が理解しているよりもはるかに急速に進行しているでしょう。……世界の歴史上、ユークリッドやピタゴラス、アルキメデスの時代から現在までに存在したすべての科学者の九七パーセントは、現代に生き、活躍しているという計算があります。それを考えれば、われわれが直面している進歩の速度がいかに早いか、ある程度理解できるでしょう。

　この党大会でオートメーションについて議論したのはほんの数年前ですが、そのとき語った言葉のほとんどは、今ではかつてジェニー紡績機の登場について語った言葉と同じくらい時代遅れになっています。ここにいる多数の代議員のみなさんはよく知ってのとおり、オートメーションの影響はイギリスの産業のさまざまな分野で実感され始めています。技術者、技術系労働者、化学系労働者、科学系労働者、そしてもちろん郵便局員や郵便局の技術者たちはよくご存じでしょう。郵便局の技術者たちはオートメーションの進歩の一翼を担い、郵便局の労働組合員の技能と国有化のおかげで、これらの進歩で世界をリードしています。


――六〇年代の技術と科学革命に即した改革を求める、「白く輝くテクノロジーの炎」演説

062 モハメド・アリ

「俺は誰よりも偉大だ！」――一九六四年二月二五日

"I am the greatest!"

モハメド・アリは、本名をカシアス・マーセラス・クレイといい、アマチュア時代に一〇〇勝五敗、プロ転向後は五六勝五敗という驚異的な戦績を残したボクサーである。彼は一九六〇年のローマオリンピックでライトヘビー級の金メダルを取った後、プロに転向した。クレイはプロボクサーとして着実に勝利を重ね、一九六四年にはソニー・リストンが持つ世界タイトルに挑戦する資格ができた。

クレイは試合前に対戦相手を威嚇する挑発的な言動で知られていた。ときには韻を踏んだ言葉遊びを使って自分の強さを誇示し、相手を嘲笑した。彼のお手本は一九六一年に会ったプロレスラーのゴージャス・ジョージ、本名ジョージ・ワグナーである。ゴージャス・ジョージは派手で目立ちたがりなキャラクターで、プロレス界を超えた人気を博していた。ワグナーはクレイに、「客は誰かがお前を黙らせるのを見たくて金を払うんだ。だから大口をたたき続けろ」とアドバイスした。

クレイがリストンのライバルを全員倒した後、ヘビー級タイトルをかけたクレイとリストンの対戦は、一九六四年二月二五日に設定された。それまでの戦績ではクレイの実力を認める人はまだ少なく、賭け率ではリストンが絶対的に優位と見られていた。リストンは試合前のインタビューで、俺はたぶん試合後に逮捕されるだろう、殺人罪で、とうそぶいた。クレイはビッグ・ベア［大きな熊］というあだ名を持つリストンを、こう言って嘲笑した。「リストンは臭いも熊そっくりだ。あいつをやっつけたら、動物園に送りつけてやる」

ケーブルテレビが普及する前のアメリカでは、リストンとクレイのタイトル戦は全国の映画館でライブ上映された。

クレイの試合前の大口たたきが抜群の冴えを見せたのは、彼が二〇〇人のファンを前にショーを開いたとき［リストンとの試合を半年後に控えた一九六三年八月］だった。一風変わったそのショーで、彼はトレードマークの挑発的な態度で八種類の滑稽なモノローグを披露した。このショーは録音されてLP盤レコードで発売された。八つのトラックの一つひとつに『ソニー・リストンはダウンしてくれ』などのタイトルがつけられ、各トラックはボクシングの試合のように一ラウンド、二ラウンドと呼ばれた。八ラウンド目のタイトルは『ノックアウト』だった。

アルバム名『俺は誰よりも偉大だ！』と同じタイトルがつけられたラウンド一は、詩の形式を取っていた。クレイはまず、「俺は誰よりも偉大だ！　カシアス・クレイ」と宣言してから、詩を朗読した。「これはカシアス・クレイの物語。世界一いかすボクサーの話」。クレイは豪語した――「こいつはおしゃべりで自信満々。ものすごく強いパンチが自慢」。彼は嘲った――「殴り合いは退屈でうんざり。だけどリストンみたいなチャンプはげんなり」。クレイは予告した――「俺がこの詩の主人公。世界チャンプになるのは本当。俺に叩きのめされてリストンの手足はばらばら。一〇月と一一月には奴の意識はふらふら。俺は誰よりも偉大だ！」

このアルバムは音楽チャートの六一位にランクインし、グラミー賞のベストコメディレコード部門にノミネートされた。「俺は誰よりも偉大だ！」というセリフはクレイのキャッチフレーズになり、彼はリストン戦の直前にもその言葉を繰り返した。「あいつを八ラウンドで倒して、俺が偉大だってことを証明してやる。もしやつがはったりをかまし続けるなら、五ラウンドで決めてやる」。結果は六ラウンド終了時にリストンが棄権し、賭け率七対一で絶対的に不利とみなされていたアリが、まさかのTKO勝ちを決めた。試合後、アリはこう叫んだ。「俺は誰よりも偉大だ！ 俺はこの世の誰よりも偉大だ。俺の顔には傷ひとつない。俺が誰よりも偉大なのは間違いない。世界中に証明したんだ。世界を驚かせてやったんだ。俺は世界の王だ。俺の言うことを聞け。俺は誰よりも偉大だ！ 俺は絶対に負けない！」

この言葉に反論しようとする者は誰もいなかった。この勝利を記念して、CBSレコードはアルバム『俺は誰より

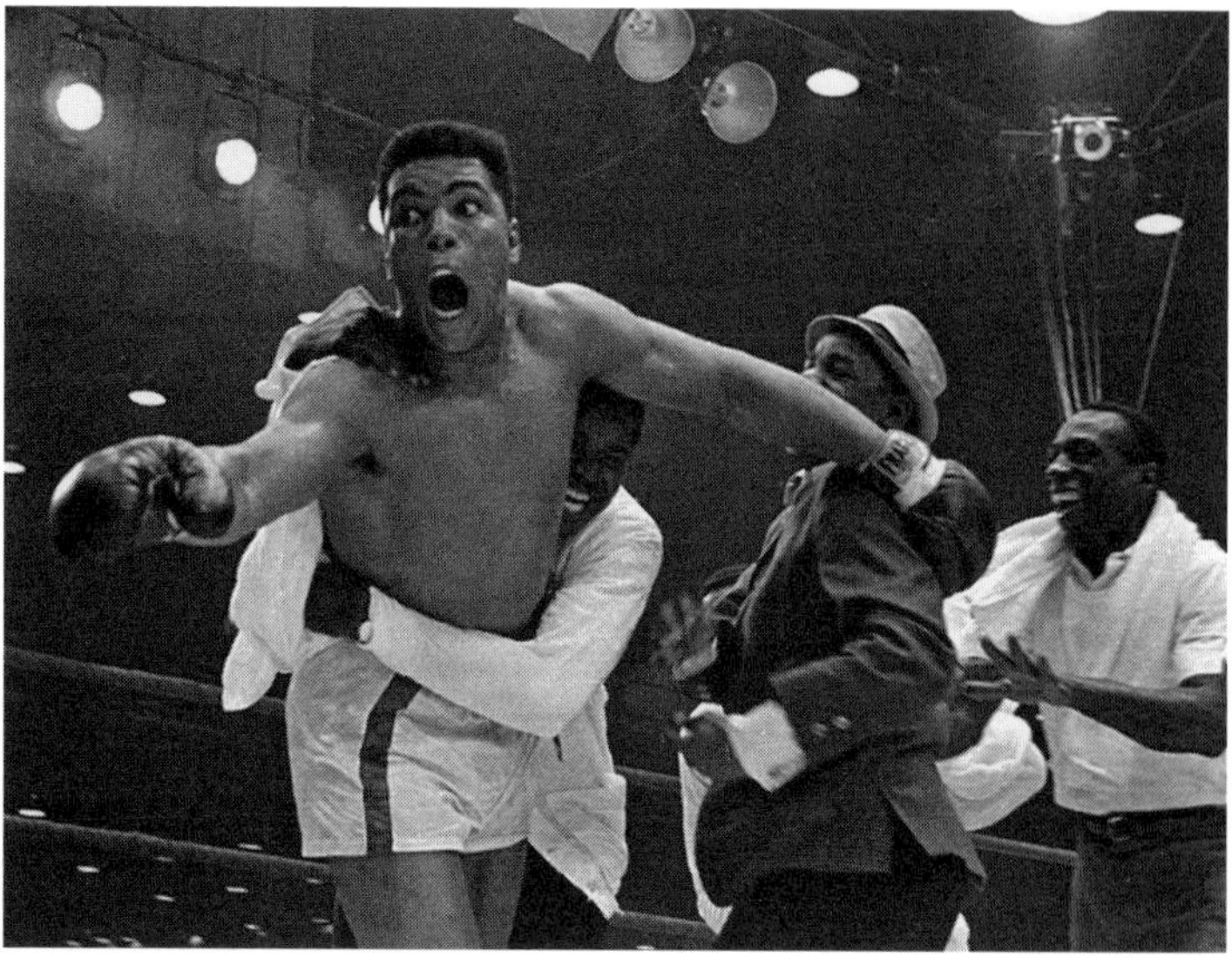

試合前にアリは八ラウンドで勝つと予告していたが、実際には六ラウンド終了後、リストンは自分のコーナーから立ち上がることができなかった。序盤のラウンドで目に何かが沁みたせいで、この試合中、アリの目はよく見えていなかった。

も偉大だ！』からタイトル・トラックをシングルカットしてバックミュージックをつけ、B面には『ソニー・リストンはダウンしてくれ』を収録して発売した。さらに同じ年、今度はクレイがベン・E・キングの『スタンド・バイ・ミー』をカバーした歌をB面に収録したシングルが発売された。

カシアス・クレイはリストン戦の前にイスラム教に改宗し、リストン戦から一週間後にモハメド・アリと改名した。カシアス・クレイは奴隷の名だから、と彼は改名の理由を語った。アリの現役時代は、ヘビー級ボクシングの黄金時代と重なっている。彼はあらゆる挑戦者を倒して、「俺は誰よりも偉大だ！」という主張の正しさを証明した。「俺は自分で自覚する前から、俺は偉大だと言っていた」とアリはよく語った。ボクシングで成功したおかげで、アリはリングの外でも戦う力を手に入れた。アリは徴兵制、人種差別、そしてパーキンソン病とも戦った。人生の後半になってから、アリはひとつの悟りにたどり着き、こう言った。「アッラーはもっとも偉大だ。俺は誰よりも偉大なボクサーにすぎない」

063
マルコムX

「投票か弾丸か」——一九六四年四月三日

“The Ballot or the Bullet”

黒人のための公民権運動家は、大まかに言って二派に分けられる。ひとつはマーティン・ルーサー・キング・ジュニアのように非暴力主義で合法的な活動をする人々であり、もうひとつはネーション・オブ・イスラムに象徴されるように、暴力的で分離主義的な主張をする人々である。後者の代表はマルコムXで、彼らは民主的手段は白人の支配に貢献するだけだと考えて拒絶した。

マルコムXの攻撃的な公民権運動は黒人社会を分断し、白人を震え上がらせた。彼は白人優位主義者から身を守るために武装するよう支持者に促した。彼の父親は一九二九年に、家族が暮らす家を全焼させた白人放火犯を銃で撃った。一九三一年に父が「事故」死したのは、人種差別主義者の仕業だとマルコムXは確信していた。

青年となったマルコムは犯罪に手を染めた。窃盗の罪で服役中に過激思想を持つようになり、一九四八年にイスラム教に改宗した。マルコムは戦闘的な黒人イスラム運動組織のネーション・オブ・イスラム(NOI)に加入した。NOIは白人との融和によって平等な権利を得ようとするのではなく、黒人の分離独立を主張する組織で、マルコムはそこで短期間のうちに頭角を現した。NOIは、黒人が頼れるのは黒人だけであり、白人は昔から黒人を搾取することしか頭にないと考え、白人との交流は拒絶すべきだと主張していた。

しかし一九六〇年代初めになると、状況は変わり始めた。ケネディ大統領が推進した公民権法は、マーティン・ルーサー・キング・ジュニアが組織した仕事と自由を求めるワシントン大行進によって支持され、ケネディ大統領暗殺後、公民権法はジョンソン大統領によって成立した。マルコムXは次第にNOIの孤立主義的な態度に疑問を感じるようになり、イデオロギーをめぐって指導者のイライジャ・ムハンマドと衝突した。マルコムXがオハイオ州クリーブランドで数千人の聴衆を前に講演したとき、彼の方針転換は明確になった。

この演説でマルコムXはまず、自分は今もイスラム教徒であることに変わりないが、多くの公民権運動家もまた信仰を持つ人々であると指摘した。重要なのは何を信仰しているかではなく、目的の一致である。「キリスト教徒かイスラム教徒か、ナショナリストか、不可知論者か、無神論者か、何であろうと、われわれはまずお互いの違いを忘れることを学ばなければならない。違いがあるとしても、その違いはいったん脇へ置いておこう」

一九六四年は大統領選の年だった。「白人のいかさま政治家が、ごまかしや裏切り、守るつもりのない嘘の約束と一緒に君たちのコミュニティに戻ってくる年だ」。ここでマルコムXは、信徒たちに投票を禁止しているNOIと決定的に袂を分かった。彼は一番最近のケネディとニクソンの選挙も含めて、これまでの大統領選はきわめて接戦だったと指摘した。「白人の票が五分五分に分かれていて、黒

マルコムの本来の姓はリトルだが、彼は1950年にマルコムXと改名し、その理由をこう語った。「『リトル』は白人の奴隷所有者の名前だ。リトルという名前の青い目の悪魔が、その名前を私の父方の祖先に押しつけた。だから私は『リトル』を捨てて『X』と名乗ることにした」

人が黒人独自のまとまった票を持っているなら、誰がホワイトハウスの椅子に座り、誰が犬小屋に行くのかを決めるのは黒人次第だ」。マルコムXが重大な方針転換を示したのはこのときだった。彼は聴衆に有権者登録をして、自分自身の利益のために投票するよう呼びかけたのである。

彼はさらに、黒人には武装して人種差別主義から身を守る権利があると説いた。「誤解しないでほしいのだが、こちらから人を撃ち殺しに行ってはいけない。しかし白人が教会を爆破し、祈りを捧げていた四人の幼い少女が無情にも殺され、政府が犯人を発見できないという記事を読んだときはいつでも……つまり、君たちは正当化されるけれども、それは違法であり、われわれは違法なことは何もしない」。わかっているだろうと言わんばかりのウインクが見えるような発言である。

マルコムXの言いたいことは明らかだった。まず投票しよう。そして投票の効果がなければ、弾丸を使え。彼は前年のマーティン・ルーサー・キング・ジュニアのワシントン大行進と、そのとき歌われた『勝利を我らに』の手ぬるさを厳しく批判した。とはいえ、投票の奨励は彼の姿勢がかなり柔軟になった証であり、主流の公民権運動に合流する意思の表明とみなされた。分離主義を主張するNOIは、投票だけでなく公民権運動への参加も禁じていた。マルコムXはこう述べた。「われわれは新しい友人、新しい味方が必要だ。われわれは公民権をめぐる闘争をより高いレベルに、人権のレベルに引き上げなければならない」

マーティン・ルーサー・キング・ジュニアと同様に、マルコムXもリズムを活かした話術に長けていた。彼は「投票か弾丸か」という言葉を全部で八回繰り返している。演説の最後に語られたのもこの言葉だった。彼は結びの部分でこう述べた。「自分が朝のうちに死んでしまうとしたら、私はこの言葉を残して死にたい。『投票か弾丸か』」

NOIの原則に背いたせいで、マルコムXはそれから一年足らずのうちに、NOIの命令を受けた三人の男に撃たれて暗殺された。生前のマルコムXは対立をあおる人物とみなされていたが、今では黒人社会の重要な代弁者として評価されている。「投票か、さもなければ弾丸だ。自由か、さもなければ死だ」と同胞の黒人に語ったマルコムXの名前は、いくつもの道路や学校、図書館の名前として残されている。

†

君たちが教育を受けていようと読み書きができなかろうと、大通りに住んでいようと路地に暮らしていようと、私とまったく同じようにひどい目にあわされるだろう。われわれはみな同じ船に乗り合わせ、同じ人間から同じひどい目にあわされる。その人間はたまたま白人であるだけなのだ。われわれはみな、ここで、この国で、白人から政治的抑圧を受け、白人から経済的搾取を受け、白人から社会的差別を受けて苦しんできた。

このような話をするからと言って、われわれは反白人主義なわけではない。われわれは搾取に反対し、差別に反対し、抑圧に反対しているのである。われわれが敵意を持つのを白人が望まないなら、彼らはわれわれを抑圧し、搾取し、差別するのをやめればいいのだ。キリスト教徒かイスラム教徒か、ナショナリストか、不可知論者か、無神論者か、何であろうと、われわれはまずお互いの違いを忘れることを学ばなければならない。違いがあるとしても、その違いはいったん脇へ置いておこう。そして白人に立ち向かうために前に出るときは、白人との議論が終わるまで、黒人の間で言い争うのはやめよう。今は亡きケネディ大統領でさえ、フルシチョフと会談して小麦を売ることができたのだから、われわれにはケネディとフルシチョフ以上に共有しあうものがあるはずだ。

今すぐ具体的な行動を起こさないなら、われわれはいずれ投票か弾丸のどちらかを選ばなければならなくなると認めざるを得ないだろう。一九六四年には、もうその二者択一しかわれわれには残されていない。もうすぐ時間切れなのではない——もう時間切れなのだ！

——「投票か弾丸か」

064 ネルソン・マンデラ

「私はその理想のために死ぬ覚悟はできている」――一九六四年四月二〇日

"An ideal for which I am prepared to die"

ネルソン・マンデラは労働者にストライキを指示した罪で一九六二年に逮捕され、懲役五年の刑を宣告された。服役中にマンデラはふたたび告訴された。無罪になる見込みはほとんどなく、マンデラは一部の罪については有罪を認めた。彼はこの裁判を減刑のための弁護の場ではなく、彼らの信念を世界に知らせる場として利用しようと決心した。マンデラの演説によって、南アフリカの司法制度は試されることになった。

一九六三年七月、警察はヨハネスブルク近郊にある一軒の家に踏み込み、アフリカ民族会議（ＡＮＣ）の幹部数名を逮捕し、彼らとネルソン・マンデラが国家に対する計画的なサボタージュ［施設や建物に対する破壊工作］に加担したと証明する文書を押収した。国家反逆罪は死刑の可能性がある罪であり、政府は必ず死刑を要求するだろうと予想された。

有罪を示す強力な証拠を握られたため、被告人たちは裁判で弁護するのはやめようと決心した。その代わり、国際的な関心が集まるこの裁判を利用して、マンデラは被告人席から自分の政治的信条を訴える演説をすることにした。演説の目的は白人優位主義の倫理的根拠に疑問を投げかけ、ＡＮＣの目的と手法の正当性を訴えることにあった。

マンデラはこの演説が自分の生死を分ける可能性があるのを理解していた。マンデラが手本にしたの

ネルソン・マンデラは南アフリカの変わらない体制の中で獄中生活に耐え抜いた。1977年に反アパルトヘイト活動家のスティーブ・ビコが拘留中に警官に殴打されて死亡した。ビコは1963年に裁判なしで投獄できる法律が制定されて以来、拘留中に死亡した46人目の死者となった。

は、フィデル・カストロが一九五三年に兵営を襲撃した罪で裁判にかけられたとき、裁判所で行なった長い演説だった。裁判を待つ間、彼はANCを支持するふたりの白人作家、アンソニー・サンプソンとナディン・ゴーディマーの助言を仰ぎ、数週間かけて慎重に言葉を選んで演説の準備をした。

一九六四年四月二〇日、裁判所で演説をするために立ち上がったマンデラは、アパルトヘイトに対して反論の余地のない論理的な批判を行なった。マンデラはまず、率直だが冷静な口調で、自分は囚人でありANCのメンバーであると告げた。彼はANCがアパルトヘイトに対する非暴力抵抗運動の放棄を余儀なくされたのは、あらゆる平和的手段を政府が暴力的に弾圧したためであると主張した。この国の多数を占める黒人に公民権が与えられなかったせいで、国民の七〇パーセントが政府に対する発言権を持っていなかった。「白人の支配を維持するために暴力を用いる政府は、反対したければ暴力を用いよと抑圧される側に教えている」。ANCには目的を達成する平和的手段が残されておらず、サボタージュは人命にもっとも危害が少ない方法だとマンデラは主張した。

南アフリカ共産党(SACP)とANCは不可分の関係にあるという批判に対し、マンデラはこのふたつの組織の明確な違いを明らかにしようとした。自分はSACPのメンバーだったことがないにもかかわらず、共産党を禁止する法律によって逮捕されたとマンデラは指摘した。共産党は南アフリカの黒人を一人前の人間として扱う唯一の団体だとマンデラは言った。「白人の優越とは、すなわち黒人が劣っているという意味である」。マンデラは黒人の貧困の現状を詳細に語り、南アフリカが所有する富や資源との対比を示した。そして黒人が劣った状態から脱出できないのは、権力を握る少数派の白人が、黒人に十分な機会と教育を与えないからだと主張した。

三時間にわたる演説を終えて、マンデラは結びの言葉を述べた。「私は白人の支配と闘い、黒人の支配と闘ってきた。私はあらゆる人々が協力し、平等な機会を与えられて共に生きられる民主的で自由な社会の理想を抱いてきた。私はその理想のために生き、それを達成したいと願っている。しかし必要とあれば」、とマンデラは言葉を切り、クォータス・デ・ウェット裁判長の目をまっすぐに見つめて言った。「私はその理想のために死ぬ覚悟はできている」

マンデラは終身刑を宣告された。彼は最後に裁判長を凝視し、死刑判決にもひるまない態度を見せたことが、逆に死刑を免れる結果につながったと信じていると語った。整然とした、それでいて胸を打つ演説はANCを奮い立たせ、ANCや国際的な反アパルトヘイト運動からの圧力によって、マンデラは二六年後にようやく解放された。一九九四年にマンデラは南アフリカ大統領に選出された。

†

アフリカ人は小さな子どものように部屋に閉じ込められているのではなく、夜一一時以降の外出を認めてほしいと望んでいる。アフリカ人は自分の国を自由に移動し、労働省が命じる場所ではなく、自分が働きたい場所で仕事を探すのを認めてほしいと望んでいる。アフリカ人は南アフリカ全体の正当な分け前を手にし、安全と社会への関わりを手に入れたいと望んでいる。

そして何より、われわれは平等な政治的権利を望んでいる。なぜなら、それがなければわれわれは永遠に無力なままだからだ。この国の白人にとって、それが革命に等しいのはよくわかっている。なぜなら、そうなれば有権者の大多数がアフリカ人になるからである。だから白人は民主主義を恐れているのだ。

しかしその恐れが、人種間の調和と万人の自由を保証する唯一の解決策の妨げになってはならない。全国民に公民権を与えれば、人種的な支配につながると考えるのは間違いだ。人種に基づく政治的な分離は完全に人為的なもので、それがなくなれば、ひとつの人種による他の人種の支配もなくなる。ＡＮＣは人種差別との戦いに半世紀を費やしてきた。勝利を手にしても、この方針が変わることはないだろう。

つまり、これがＡＮＣの闘いの目的なのだ。彼らの闘いは真に国民的な闘いである。彼ら自身の苦しみと彼ら自身の経験から生まれた、アフリカの民衆の闘いである。それは生きる権利を求める闘いなのだ。

私は生涯を通じてこのアフリカの民衆の闘いに身を捧げてきた。私は白人の支配と闘い、黒人の支配と闘ってきた。私はあらゆる人々が協力し、平等な機会を与えられて共に生きられる民主的で自由な社会の理想を抱いてきた。私はその理想のために生き、それを達成したいと願っている。しかし必要とあれば、私はその理想のために死ぬ覚悟はできている。

——「私はその理想のために死ぬ覚悟はできている」

065 ジョン・レノン

「僕らはイエスより人気がある」——一九六六年八月一二日

"We're more popular than Jesus"

ビートルズはイエス・キリストよりも人気があるとジョン・レノンが発言したインタビューをイギリスの新聞が掲載したときは、特に批判は起きなかった。教会に通う信徒の数は減っているのに対し、「ファブ・フォー(素敵な四人組)」の愛称を持つビートルズの人気は高まる一方だったから、この発言は何も間違っていなかったのだろう。しかしアメリカの大衆誌デイトブックにこの記事が転載され、それをアラバマのラジオ局が取り上げると、大変な騒ぎになった。

一九六六年三月に、ロンドン・イブニング・スタンダード紙はビートルズの各メンバーのライフスタイルを紹介する記事を連載し始めた。一回目はジョン・レノンで、記者のモーリーン・クリーブがロンドン近郊のサリーにあるレノンの自宅を訪問した。クリーブはレノンのよく整理された膨大な蔵書に感心し、ジョンは「信仰に関する本を幅広く読んでいる」と記事に書いている。チェスターで買ったという古い大型の聖書と、植民地時代のインドの生活の回顧録がクリーブの目に留まった。ビートルズの四人は後に、精神的な平安を求めてインドに旅をしている。レノンはジョージ・ハリスンが彼に勧めたシタール「インドの弦楽器」の曲の録音をクリーブに聴かせて、「インド人はクールだと思わないかい？」と聞いた。

ビートルズに対する抗議運動はバイブル・ベルト以外にも広がった。カリフォルニア州サニーベールの若者たちは、プラカードを掲げて抗議した。

対照的に、イギリスの宗教界は活気がなく衰退していた。「キリスト教は消えていくよ」とジョンは言った。「キリスト教はすたれてなくなっていく。僕らは今ではイエスより人気がある。ロックンロールとキリスト教、どちらが先に姿を消すかわからない」。その言葉は、レノンの日常生活や、富と名声に対する彼の感想を聞いた長いインタビューのほんの一部にすぎなかった。キリスト教についてより、大好きなゴリラの着ぐるみについて語っている方が長かった。ビートルズの熱狂的なファンは別として、イブニング・スタンダード紙の連載記事は特に話題にならなかった。

ビートルズの広報担当者トニー・バーロウは、八月に始まるビートルズの三回目のアメリカツアーの前に、宣伝のつもりでこの連載記事をデイトブック誌に提供した。デイトブック一九六六年七月号は、レノンの「ロックンロールとキリスト教、どちらが先に姿を消すかわからない」という発言を表紙に載せた。アラバマ州バーミンガムのDJ、トミー・チャールズは、ラジオ局WAQYのトップ四〇番組の同僚からその話を聞いた。記事全体を読まずにレノンのその言葉だけを見たチャールズは立腹し、即座に「これはひどい。もううちの番組ではビートルズはかけない」と宣言した。

チャールズの抗議は教会やバイブル・ベルト［アメリカ中西部から南西部にまたがるキリスト教が盛んな複数の州］の他のラジオ局に広がり、他の国々にも拡大した。南部の州では各地でビートルズのレコードやグッズが焼かれる事件が起こった。ビートルズのマネジャーのブライアン・エプスタインはツアーに先だって記者会見を開いて弁明したが、事態を収めることはできなかった。そこでトニー・バーロウはジョン・レノンを説得し、コンサート初日の前にシカゴで記者に釈明させることにした。

レノンは自分の発言をイギリスの信仰の現状について述べたものだと説明し、「僕は反キリストではないし、信仰にも神にも反対していない。自分たちがイエス・キリストよりすぐれているとか偉大だとか言うつもりはないし、人間としても、神としても、とにかく何であろうとキリストと僕らを比べたりしていない」。自分の発言をめぐって巻き起こった騒動に、レノンにひどいショックを受けていた。彼と他のメンバーはこれから始まるツアーがどうなるのか不安でたまらなかった。「僕があんなことを言ったのは確かだけど、僕は間違っていたし、間違って受け取られた。それでこんなことになってしまったんだ」。彼はそう弁解し、冗談をつけ加えた。「もし僕がイエスよりテレビの方が人気があると言っていたら、こんなことにならなかったのに」

正式な謝罪をするつもりはあるかと問われて、レノンは言った。「もし僕の謝罪を望む人がいて、その人の気が済むのなら、そうするよ。本当に悪かったと思う」。彼は明らかに後悔しており、多くの人がその謝罪を受け入れた。しかしツアーにはメンバーの殺害を予告する脅迫状が届き、過激な宗教団体からの抗議や、ビートルズのアルバムを釘で打ちつけた十字架を掲げたクー・クラックス・クランによる妨害行為が相次いだ。チケットの売上はふるわず、満員にならない会場もあった。メンバーはツアーを取り巻く重苦しい雰囲気に悩まされ、サンフランシスコのキャンドルスティック・パークでツアーの最終日を迎えたときには、もう二度とツアーはしないと決心していた。

それ以来、ビートルズはスタジオでのレコーディングに活動の場を移した。彼らは一九七〇年についに解散する。この年、マーク・チャップマンという男がキリスト教再生派に入信した。その一〇年後、元ビートルズの「イエスより人気がある」という誤解された発言に憤ったチャップマンは、ジョン・レノンの背後から四発の銃弾を撃ち込んで殺害した。

†

僕はビートルズがイエスや神やキリスト教よりすぐれているなんて言っていない。僕がビートルズの名前を使ったのは、それが使いやすいからなんだ。親しい友人といるときは特に、ビートルズのことを自分とは別の存在として話せるし、一般的な例としても使える。テレビとか映画とか、他に人気があるものなら何だってよかったんだ……自動車はイエスより大きいとでも言えばよかったな。

質問——この反響についてどう思いますか?

レノン——最初に聞いたときは、「嘘だろう」と思った。悪い冗談か何かだろうと。それが深刻な話だとわかって、本当に心配になった。これからどうなるか、ある程度想像できたからね。いろいろなことを言われたし、いかにも皮肉屋みたいな顔をした僕のひどい写真が出回っている。騒ぎはどんどん広がって、もう手に負えないし、僕には抑えることができない。こんなにことが大きくなってしまったら、僕には責任の取りようがないよ。問題はもう僕の手の届かないところに行ってしまったから。

質問——この反響のきっかけを作ったアラバマ州バーミンガムのディスクジョッキーがあなたからの謝罪を求めています。

レノン——もちろん謝罪するよ。もしその人が気を悪くして、本気でそう思っているのなら、申し訳なかったと思う。申し訳なかったのは、あんな発言をして騒ぎを起こしたことだ。だけど僕は下劣なことや反宗教的なことを言うつもりじゃなかった。僕にはそれ以上何も言えない。本当に、他に言えることはない——それだけだ。だけど、もし彼が謝罪を望んでいるなら、そうするよ。申し訳なかったと思う。

——ビートルズの方がイエスより人気があるという発言に関する記者会見での謝罪

066 ティモシー・リアリー

「ターンオン、チューンイン、ドロップアウト」――一九六七年一月一四日

"Turn on, tune in, drop out"

ティモシー・リアリーは、「ターンオン、チューンイン、ドロップアウト」というキャッチフレーズを、「メディアはメッセージである」という主張で有名なメディア理論家のマーシャル・マクルーハンからヒントを得て思いついたと述べている。リアリーは一九六六年からこの言葉をよく使うようになり、一九六七年初めのヒューマン・ビーイン［人間性の回復を求める人々の集会］では、それをテーマに講演を行なった。

リアリーは一九六三年にハーバード大学臨床心理学講師の仕事を首になった後、精神を解放する目的で幻覚剤ＬＳＤ（リゼルグ酸ジエチルアミド）の使用を広める活動に専念した。当時ＬＳＤは合法で、簡単に手に入れることができた。リアリーはある富豪の支援を受けてニューヨーク州ミルブルックに邸宅を購入し、支持者とともにＬＳＤを使用するグループセッションを開いた。週末には一般人も有料で参加できるセッションを行なった。

一九六六年になると、ＬＳＤの流行がアメリカの若者の道徳や体と心の健康に与える影響が問題になり始めた。リアリーは上院小委員会でＬＳＤを擁護するために証言し、禁酒法同様、ドラッグを禁止すれば逆に使用者が増えるだろうと警告した。リアリーはエドワード・ケネディにＬＳＤの危険性を問われて、「不適切な使い方をすれば自動車だって危険です」という有名な答えを返した。しかしリアリーの証言も効果はなく、ＬＳＤはこの年の一〇月にカリフォルニ

まだLSDが合法だった時代に、3万人の聴衆を前にLSDによる精神解放という「教義」を説くティモシー・リアリー。

ア州で禁止され、一九六八年には全米で禁止された。

信仰の自由を盾にＬＳＤの禁止を回避しようと、リアリーは宗教団体スピリチュアル・ディスカバリー同盟(頭文字を略すとＬＳＤになった)を設立し、ＬＳＤは聖なる儀式であると主張した。この同盟のスローガンは「ドロップアウト、ターンオン、チューンイン」だった。リアリーはその意味をこのように説明している。「ドロップアウトは、自分を取り巻く生気のないテレビのような偽物の社会ドラマから自分を離脱させること。ターンオンは、神の神殿、すなわち自分自身の体に自己を取り戻す聖なる儀式を発見することだ。自分の意識から脱出し、自己を超越するんだ。チューンインは、生まれ変わることだ。生まれ変わった自分を表現するために現実に戻ってくること、自分のビジョンに基づく新しい行動を始めることだ」

スピリチュアル・ディスカバリー同盟が掲げるスローガンの順番とは違って、リアリーがナレーションを収録して一九六六年に発売した瞑想のためのアルバムのタイトルは、「ターンオン、チューンイン、ドロップアウト」だった。一九六六年末にリアリーはいくつかの大学のキャンパスで、マルチメディアを用いた「意識の死」というワークショップを開始した。これはＬＳＤでトリップする感覚を音や光で人工的に再現しようとする試みである。一九六七年に、リアリーはサンフランシスコで開かれるヒューマン・ビーインの講師として招かれた。

このヒューマン・ビーイン、別名「部族の集会」には、過去の同様のイベントの六倍にあたる三万人のヒッピーが集まった。彼らは講演を聞き、ジェファーソン・エアプレインやグレイトフル・デッドといった地元出身のミュージシャンの演奏を楽しんだ。会場ではLSDやターキー・サンドイッチが無料でふるまわれた。バイクに乗ったギャング団として知られるヘルズ・エンジェルズは、迷子の子どもを預かる託児所の役割をした。リアリーの「ターンオン、チューンイン、ドロップアウト」はこのイベント全体のテーマとなったが、詩人のアレン・ギンズバーグは「ドロップアウト」という言葉が誤解を招くのではないかと懸念した。ギンズバーグはヒューマン・ビーインがうまくいくように、会場でヒンドゥー教のマントラを唱えた。

ゴールデンゲートパークで開催される無料イベントの宣伝ポスター。

この催しは、サンフランシスコのヘイト・アシュベリー地区を中心に盛り上がりを見せていたあらゆる種類のカウンターカルチャーが集結した画期的な集会で、その規模の大きさから見ても、この時期からヒッピーが全米に広がる文化現象となったことがわかる。その年の夏は「サマー・オブ・ラブ」と呼ばれ、リアリーのキャッチフレーズはそのスローガンとなった。一九六七年の終わりになると、ヒッピーはすでに本来の精神を見失い、形骸化していた。ヒッピーが愛と平和を求めて集まる集会は「ラブ・イン(love-in)」と呼ばれたが、その呼び名を茶化して、『ローワン・アンド・マーティンのラフ・イン(laugh-in)』というコメディ番組が誕生した。

リアリーはその反体制的な主張のために、ニクソン大統領から「アメリカ一危険な男」と呼ばれ、ドラッグを不法使用した罪で何度も逮捕され、投獄された。彼は超越的な神秘思想を発展させ、一九八〇年代に入ってからはコンピューターやバーチャルリアリティに関心を移し、薬物ではなくデジタル技術が人間にもたらす可能性を追求するようになった。彼は、「コンピューターは一九九〇年代のLSDだ」と宣言し、かつてのキャッチフレーズを作り変え、「ターンオン、ブートアップ、ジャックイン」(「電源を入れ、起動し、没入せよ」という意味)と新しい世代に訴えた。

†

過去のあらゆる偉大な宗教と同様に、われわれは自分の内なる神性を見出し、神を称え、神を崇める生活の中でその啓示を表現したいと考えている。昔からあるこの目標を、われわれは現代の比喩においてこのように定義している——すなわちターンオン、チューンイン、ドロップアウトだ。

——ヒューマン・ビーインでの演説

067

アール・ウォーレン

ラビング対バージニア州裁判判決——一九六七年六月一二日

Loving vs. Virginia

リチャード・ラビングと妻のミルドレッド・ジェター・ラビングは、一九五八年にバージニア州セントラル・ポイントの自宅のベッドで就寝中に逮捕され、投獄された。逮捕の理由は夫婦の一方が「白人」、もう一方が「有色人種」であることだけだった。それから九年後、最高裁判所はラビング対バージニア州裁判で歴史的な判決を下した。

リチャードとミルドレッドは友人であり恋人同士だった。リチャードは白人だが、ミルドレッドはアフリカ系アメリカ人とアメリカ先住民の血筋が混ざっていた。一九五八年にミルドレッドが妊娠したため、ふたりは異人種間結婚が認められていたワシントンDCで結婚した。新婚夫婦はバージニア州に戻ったが、そこでは異人種間結婚は違法だった。地元警察はふたりが一緒に暮らしているという情報を得て、午前二時に自宅を急襲し、彼らを逮捕した。夫妻は一九五九年にバージニア州キャロライン郡巡回裁判所で、白人と有色人種が一緒に暮らしている罪、そしてバージニア州に戻る意図がありながら州外で結婚した罪によって有罪を宣告された。

ラビング夫妻は今後二五年間はふたり一緒にバージニア州に戻らないという条件で、刑の執行を猶予された。夫妻はワシントンDCに移住したが、バージニア州の親戚を一緒に訪問できないことが次第に我慢できなくなった。アメリカ自由

リチャードとミルドレッド・ラビング夫妻と、その子どもたちのシドニー、ドナルド、ペギー。皮肉なことに、トーマス・ジェファーソンはバージニア州の第2代知事を務めていた時期に、混血奴隷のサリー・ヘミングスを愛人とし、5人の子どもをもうけた。

人権協会（ACLU）が彼らの件を取り上げ、まず裁判所に判決の無効を宣言するように要請した。バージニア州のレオン・バジル裁判官はこのように回答した。「全能の神は白色人種、黒色人種、黄色人種、茶色人種、赤色人種［一八世紀末のドイツの医師ブルーメンバッハによる分類］を創られ、別々の大陸に置かれた。神のその計らいに干渉しない限り、このような結婚を容認する理由はない。神が人種を分けられたという事実そのものが、神が人種の混合を意図しておられなかったという証である」

続いてラビング夫妻は、バージニア州の反異人種間混交法は法の平等な保護を定めた合衆国憲法修正第一四条に違反しているとバージニア州最高裁判所に訴えたが、この申し立ても却下された。裁判所は、この「犯罪」によって白人と有色人種は同じ罰を受けるのだから、反異人種間混交法は平等保護権を侵すものではないと裁定した。ついにACLUはアメリカ合衆国最高裁判所に訴えた。

最高裁判所は、バージニア州は異人種間の関係が非白人同士の場合、すなわちバジル裁判官の世界観によれば「黒色人種、黄色人種、茶色人種、赤色人種」の間の関係であれば、まったく問題にしなかったと指摘した。「バージニア州が、白人が関わる異人種間結婚だけを禁止しているという事実そのものが、人種の分類が白人優越主義を維持する手段として自己正当化の上に成り立っていることを明白に示している」と最高裁判所長官アール・ウォーレンは述べた。

「結婚は、われわれの存在と生存にとって根本的な『人間の基本的公民権』のひとつである。……この根本的自由を、人種の区分のように支持しがたい、修正第一四条の中心となる平等の原則に完全に違反する根拠に基づいて否定することは、すべての合衆国市民から法の適正手続きなしに自由を奪うに等しい」

最高裁判所は全員一致でラビング夫妻の訴えを認めた。アール・ウォーレンはこのように結論づけた。「わが国の憲法において、他の人種の人間と結婚する自由、あるいは結婚しない自由は個人に属し、国家によって侵されてはならない」。この決定後も、反異人種間混交法を有する一六の州では法の改正がなかなか進まなかったが、判決後はこの法を施行することはできなくなった。アラバマ州は最後までこの法を残していたが、二〇〇〇年に州の憲法からこの条項を削除した。

リチャードとミルドレッド夫妻はバージニア州キャロライン郡セントラル・ポイントに帰った。一九七五年に飲酒運転の車がリチャードの車に突っ込み、リチャードは死亡した。ミルドレッドは再婚せず、二〇〇八年に亡くなった。ラビング夫妻の結婚を合法と裁定した判決は、二〇一五年に同性婚を認める最高裁判所の判決の中で判例として引用された。

†

バージニア州の反異人種間混交法が、人種を基準とした差別のみに基づいていることは明白である。この法は、非白人種間で行なわれたのであれば一般に容認される行為を禁止している。当裁判所は長年にわたり、「祖先の系統のみを理由とした市民の差別」は、「平等の原則に基づく法を有する自由な国民に対して不公平である」として、一貫して拒絶してきた。実際、当裁判所のふたりの裁判官はすでに、「個人の肌の色を、その人物の行為が犯罪にあたるかどうかの基準とする正当な法的目的を見いだせない」と述べている。

バージニア州が、白人が関わる異人種間結婚だけを禁止しているという事実そのものが、人種の分類が白人優越主義を維持する手段として自己正当化の上に成り立っていることを明白に示している。人種の分類のみを理由にした婚姻の自由の制限が、平等保護条項の主要な意義に背いているのは疑いがない。

これらの法は、修正第一四条に定められた法の適正手続き条項に反して、法の適正手続きなしでラビング夫妻から自由を剝奪している。婚姻の自由は、自由な人間によるまっとうな幸福の追求に欠かせない重要な個人的権利であると長らく認識されてきた。結婚は、われわれの存在と生存にとって根本的な『人間の基本的公民権』のひとつである。修正第一四条は、不公平な人種差別によって婚姻の選択の自由が制限されてはならないと定めている。わが国の憲法において、他の人種の人間と結婚する自由、あるいは結婚しない自由は個人に属し、国家によって侵されてはならない。

――ラビング対バージニア州裁判におけるアール・ウォーレンの判決からの抜粋

068 ユージーン・マッカーシー

「全世界の人々の真摯な意見」――一九六七年一二月二日
"The decent opinion of mankind"

ジョンソン大統領はベトナム戦争には勝てないとわかっていたが、この戦争に介入するのは政治的義務だと感じていた。同じ民主党のミネソタ州選出上院議員ユージーン・マッカーシーは、この地域へのアメリカの軍事介入に強く反対し、ジョンソンに対抗して一九六八年の大統領選に出馬した。

アメリカは共産主義の拡大を恐れて、フランス植民地のベトナムへの軍事介入に踏み切った。第二次世界大戦後、共産主義のベトミン［ベトナム独立同盟］が独立を求めて戦い、ベトナムは内戦状態となった。アメリカはベトナムに軍事顧問団を派遣し、ベトナム国軍に軍事教練を開始した。この戦争は一九五四年に終結し、フランスはベトナムから撤退して、ベトナムは南北に分割されることになった。

南ベトナムで結成された反政府組織のベトコン［南ベトナム解放民族戦線］は中国から支援を受け、ゲリラ戦を展開した。アメリカは共産主義の拡大を食い止めるため、南ベトナム政府に一億ドルもの支援を行なった。一九六四年にアメリカは北ベトナムで空爆を開始し、一九六五年に、まず二五万人のアメリカ兵を送りこんだ。

マッカーシー上院議員が大統領候補の指名争いに出馬を表明した一九六七年末までに、アメリカは五〇万人の兵士をベトナムに駐留させていた。一二月二日の立候補演説で、マッカーシーは前大統領ジョン・F・ケネディとの対比によって、対立候補の現職大統領リンドン・B・ジョンソンを攻撃した。「あの頃、ここには若さと自信、そして未来への展望があったからだ。……それが一九六三年の精神だった。一九六七年の精神とは何だろうか？　……約束と希望の言葉の代わりに、今われわれの政治にあるのは新しい語彙だ。その中でも重要な言葉は『戦争』だ。貧困との戦争、無知との戦争、犯罪との戦争、汚染との戦争。これらの問題の中で、戦争によって解決できるものは何ひとつない」

ベトナムでの現実の戦争もまた解決できていなかった。「アメリカ合衆国は……全世界の人々の真摯な意見の支持を得ることができない」とマッカーシーは述べた。彼はこの戦争の合法性と道徳性に疑問を投げかけた。「わが国の役割は世界の治安を維持することではなく、軍事力の使用に抑制と制限を設けながら、われわれの知識と親善を提供することである」
マッカーシーは終わりの見えないベトナムの状況に苛立ちを隠さなかった。「作戦成功の時期が何度も推測されたが、そのたびに修正を余儀なくされ、つねに先延ばしにされた。兵士を増員し、爆撃を重ね、戦争を拡大し、激化させた。戦争の目的は南ベトナムの保護からベトナムでの国家建設へ、そして東南アジア全体の保護へと飛躍した」

1968年の大統領選に向けて、反戦を訴えて民主党候補者指名を目指すユージーン・マッカーシー上院議員。

もはや戦争によって得られる利益では釣り合いが取れないほど多くの人命や財産が失われ、歴史はアメリカに厳しい評価を下すに違いない。マッカーシーはかつてプライベートな場で、ベトナムから帰還する棺を見れば世論はたちまち戦争反対に回り、自分への支持が殺到するだろうと語った。「われわれは平和のため――名誉ある、合理的で政治的な解決のためなら、喜んで高い代価を支払おう」と彼は言った。しかし、「軍事的な勝利の見込みはますます不確かになり、いっそう無意味でむなしいものになった。そんなもののために政府が支出を制限したという証拠はまったく見当たらない」

党内では現職の大統領を相手に党の指名を争うマッカーシーの分別を疑う者もあったが、マッカーシーは高まる反戦運動を味方につけた。ニューハンプシャー予備選でマッカーシーは敗れたが、四二パーセントの票を獲得し、ジョンソンの四九パーセントに驚くほど肉迫した。ジョンソンは自分の不利を悟って選挙戦から撤退したが、入れ替わりにロバート・ケネディが立候補した。ケネディが暗殺されると、ジョンソン政権の副大統領のヒューバート・ハンフリーが選挙戦に加わった。路上で反戦活動家が抗議の声を上げるシカゴの党大会で、民主党の指名を勝ち取ったのはヒューバート・ハンフリーだった。ハンフリーは大統領選で共和党候補のリチャード・ニクソンに敗れた。

ニクソンは、自分が「退却した大統領」になりたくないという理由で戦争を継続したが、戦地から段階的に兵を撤退させた。一九七三年の停戦までに、ベトナムで一五万人のアメリカ兵が負傷し、五万八〇〇〇人が戦死した。南北に分断されたベトナムは一九七六年に統一され、ベトナム社会主義共和国が樹立された。

†

全世界が新たな希望を込めてアメリカを注視していた。なぜならあの頃、ここには若さと自信、そして未来への展望があったからだ。生気のない過去の手に縛られるのではなく、世界をつかみ取ろうとする未来の暴力的な手に怯えてもいない国があった。それが一九六三年の精神だった。

一九六七年の精神とは何だろうか？　今日のアメリカの空気、そして世界のアメリカに対する空気はどうだろうか？　ここには陰鬱な空気がある——不満と不安、そして不確かさがある。アメリカの若者たちの間には平和部隊の情熱の代わりに、抗議と反対運動がある。進歩のための同盟［ケネディ大統領が提唱したラテンアメリカとの同盟］の情熱の代わりに、不信と失望がある。

約束と希望の言葉の代わりに、今われわれの政治にあるのは新しい語彙だ。その中でも重要な言葉は『戦争』だ。貧困との戦争、無知との戦争、犯罪との戦争、汚染との戦争。これらの問題の中で、戦争によって解決できるものは何ひとつない。たゆみない、ひたむきな、思慮深い配慮のみがこれらの問題を解決できるのである。

しかしわが国には戦争と呼ぶにふさわしい戦争がある。それがベトナム戦争であり、アメリカが抱える諸問題の中心に居座っている。合法性に疑いがある戦争、合憲性に疑いのある戦争だ。

この戦争は外交上も弁解の余地のない戦争だ。アメリカ合衆国は建国の際に、独立宣言において全世界の人々の真摯な意見に訴えた。しかしながらこの戦争は、アメリカが全世界の人々の真摯な意見の支持を得ることができない今世紀初の戦争である。

——ベトナム戦争を糾弾する演説

069

マーティン・ルーサー・キング・ジュニア

「私は山の頂に行ってきた」――一九六八年四月三日

"I've been to the mountaintop"

一九六八年二月、テネシー州メンフィスでふたりの男性がゴミ収集トラックの粉砕機に巻き込まれて死亡した。市の清掃作業員の大半は黒人で、長年にわたって低賃金で危険な労働条件に耐えてきたが、この事故で彼らの我慢は限界に達した。彼らはストライキを宣言し、その怒りは健康や安全基準だけでなく、人種差別にも向けられた。マーティン・ルーサー・キング・ジュニアはこのストライキを全面的に支援した。

二〇世紀半ばのメンフィスは、白人至上主義団体クー・クラックス・クランのメンバーが警察に採用されるような悪名高い人種差別主義の町だった。アフリカ系アメリカ人の清掃労働者は労働組合への加入を禁じられ、一九六三年に三三人のアフリカ系アメリカ人が労働組合の集会に出席して即座に解雇された後は、処分を恐れて組合に関わることができなくなった。

一九六八年のストライキでは、「私は人間だ」というスローガンが使われた。これはイギリスの奴隷制反対運動で用いられたスローガン、「私は同じ人間であり、兄弟ではないのか?」を下敷きにしている。ストライキの指導者のひとり、ジェームズ・ローソン牧師は、ストライキ参加者にこう呼びかけた。「人種差別主義の根底には、人を人とも思わない考えがある。君たちは人間だ。君たちは一人前の人間なのだ」

キングはストライキを支援するために、メンフィスを三回訪れた。まず三月一八日に数千人の集会で演説し、三月二八日には抗議行動に参加した。しかしこのとき労働者の不満が爆発し、暴力行為に発展した。窓が割られ、一六歳のアフリカ系アメリカ人の高校生が警官に撃たれて死亡した。キングは四月三日にもう一度メンフィスを訪れ、今度はもっと平和的なデモを行なった。

徹底した非暴力抗議運動を主張したにもかかわらず、メンフィスは州兵の出動を要請した。

メンフィスのメイソン寺院に集まった群衆を前に、キングは非暴力を訴え、ストライキの目的である人種問題から世間の目をそらしてはいけないと説いた。「問題がどこにあるのか、それだけを訴え続けよう。問題は不正なのだ」。すでにストライキ突入から七週間たっていたが、キングは警官の暴力にさらされても団結と忍耐を訴えた。ストライキ参加者は毎日のデモ行進で催涙ガスや棍棒を使った攻撃を受けていた。キングは一九六三年にアラバマ州バーミングハムで人種差別反対運動に加わったときの経験を語った。そこでは警官が反抗的な黒人に犬をけしかけ、警棒や放水によって攻撃を加えた。

キングは黒人の金融機関を支援し、黒人の経済を築こうと訴えた。そして人種差別的な雇用方針を持つ銀行や製造会社をボイコットするよう呼びかけた。「メンフィスではコカ・コーラを買わず、シールテストの牛乳を買わず、ワンダーのパンを買わないように隣人に言おう。これまでは清掃作業員だけが痛みを感じていた。これからは痛みを分かち合わなければならない」。彼はすべての人が清掃作業員を支援するように求め、聖書に登場する善きサマリア人のたとえ話〔道端に倒れた怪我人を助けたサマリア人こそが本当の隣人であるという説話〕を引用して語った。「あなた方は、『私がこの男を助けるために立ち止まったら、私はどうなるだろう』ではなく、『私が清掃作業員を助けるために立ち止まらなかったら、彼らはどうなるだろう？』と問うべきである。それがあなた方の前にある問いなのだ」

その日、キングはいつものようにすぐれた演説の才を発揮して、情熱的に、かつ巧みに語った。しかしこの演説が今日まで記憶されている大きな理由は、その構成にある。彼は冒頭で人類の歴史を古代エジプトから現在まで振り返り、もし自分がどの時代に生きるかを自由に選べるとしたら、今生きているこの時代を選ぶと語った。なぜなら一九六〇年代はアフリカ系アメリカ人にとって苦闘の時代だが、人々は立ち上がり、団結しているからである。キングは、自分は今幸せで心は穏やかだと告げて、演説を終えた。

マーティン・ルーサー・キングは自分が過激派の標的になっているのをよく知っていた。

キングはメンフィス到着後に、殺害の脅迫があったと語った。「しかし今、私にとってそれはどうでもいいことだ。なぜなら私は山の頂に行ってきたからだ」。こう語ったとき、彼の念頭には旧約聖書のモーセの話があった。モーセはイスラエルの民を率いて約束の地にたどり着いたが、神はモーセが山の頂からその地を眺めるのを許しただけで、約束の地に入ることは許さなかった。「私は四方を見渡し、約束の地を見たのだ」、と彼は集まった人々に語った。「私はあなた方とともにそこへ行くことはできないかもしれない。しかし私は今夜、われわれがひとつの民族として約束の地にたどり着くであろうことを、あなた方にわかってもらいたい。今夜、私は幸せだ。何を恐れることもなく、誰を怖がることもない。私はこの目で神の到来の栄光を見たのだ！」

キングは自分の身に何が起きるかを予見していたのだろうか？　翌日の一九六八年四月四日、マーティン・ルーサー・キング・ジュニアは泊まっていたモーテルのバルコニーで銃撃され、殺害された。犯人のジェームズ・アール・レイは、一九六七年にミズーリ州刑務所から逃走した脱獄犯だった。この事件は公民権運動に関わるすべての人々に深い衝撃を与えた。

キングの暗殺後もメンフィス市長は態度を変えようとしなかったが、事件の四日後にキングの未亡人が先頭に立ち、完全な沈黙を守った行進をした。強い忍耐を示すこの行動を受けて、一週間後に市長は賃上げと労働組合の承認を発表し、ストライキは決着した。キングの死はとてつもなく大きな代償だったが、メンフィスではそれ以来、人種間の関係に変化が生じた。二三年後、メンフィスは初の黒人市長を選出し、それから一四年間新たな白人市長が選ばれることはなかった。

†

これから何が起きるかは本当にどうでもいいことだ。私が今朝アトランタを発って飛行機に乗ろうとしたとき、機内に六人の乗客がいた。パイロットはこうアナウンスした。「出発が遅れて申し訳ありません。しかし当機にはマーティン・ルーサー・キング博士が搭乗されます。すべての荷物が検査されたのを確かめ、機内に何の問題もないと確認するために、すべてを念入りに調べる必要がありました。そしてわれわれは安全のため、当機を一晩中監視していました」

そして私はメンフィスに着いた。すると脅迫があったと話す人や、過去の脅迫について話す人がいた。病める白人の同胞たちによって、私の身に何が起こるというのだろう？　これから何が起きるのか私にはわからない。われわれの前には困難な日々が待ち受けているだろう。しかし今、私にとってそれはどうでもいいことだ。なぜなら私は山の頂に行ってきたからだ。だから私は何も心配していない。

誰でもそうだと思うが、私もできれば長生きがしたい。長生きすればいいこともあるからだ。しかし今ではもうそのことは考えなくなった。私はただ、神の御心を果たしたいだけだ。神は私が山の頂に登るのを許された。私は四方を見渡し、約束の地を見たのだ。私はあなた方とともにそこへ行くことはできないかもしれない。しかし私は今夜、われわれがひとつの民族として約束の地にたどり着くであろうことを、あなた方にわかってもらいたい。今夜、私は幸せだ。何を恐れることもなく、誰を怖がることもない。私はこの目で神の到来の栄光を見たのだ！

——「私は山の頂に行ってきた」

070

イノック・パウエル

血の川――一九六八年四月二〇日

Rivers of Blood

イノック・パウエルがイングランドのウエスト・ミッドランズで開かれた保守党の会合で行なった演説は、移民の影響について公然と論じた最初の演説のひとつである。彼が友人に語った言葉によれば、「ロケットのようにうなりを上げて高く飛ばす」という明確な意図をもってなされたこの演説は、広く知れわたると同時に、国民の間の根深い意見の対立を明らかにした。

イギリスがアフリカやアジアの旧大英帝国植民地の独立を承認し始めたとき、それらの国の市民はイギリス連邦の構成員として、イギリスに移民する権利を与えられた。ある者はイギリスで経済的利益を得るために、ある者は母国の不安定な政情に不安を感じて移民を選択した。

圧倒的に白人が多いイギリス人の中でも、より島国的な閉鎖性を持つ人々を不安にしたのは、目に見えて増加する「外国人」の流入だった。移民の影響は、特に貧しい労働者階級が暮らす地域に顕著に表れた。たとえばウエスト・ミッドランズのように人口が密集した歴史ある工業地域には、移民が仕事を求めて押し寄せた。

一九六〇年代半ばには、イギリスの一部地域で借家の窓に「黒人お断り」の札が貼られているのはごく普通の光景だった。求人広告にもしばしば同じ条件がついていた。言葉による差別、そして具体的な行為による差別の増加に対応するために、労働党のハロルド・ウィルソン内閣は肌の色、民族、人種、国籍のみを理由とした差別を禁止する新たな人種関係法を提案した。当然ながら保守党も人種差別には反対していたが、保守党は移民の制限と、移民の本国への帰還を促進する政策を要求していた。パウエルの演説は、党のこの方針を擁護する目的があった。

パウエルはまず、政治は目の前の差し迫った問題だけに注目して、将来起こるかもしれない問題をなおざりにする傾向があるという思慮深い意見を述べた。「人々は問題を予想することと、問題を引き起こすことを混同しがちです」と彼は言った。選挙で選ばれる政治家は有権者の支持を何よりも必要としている。予想どおり悪いことが起きれば、予想した人が批判されかねないから、誰もそんなことはしたがらないと彼は指摘した。

パウエルの選挙区の有権者が、二〇年後には「黒人が白人を支配するようになるだろう」という不安を訴えたという話をしてから、彼は移民人口が無制限に増加していく将来を描いた。移民は親族を呼び寄せることが認められているため、「毎週［パウエルの選挙区の］ウルヴァハンプトンだけでも、二〇人から三〇人の移民の子どもたちがやってきます。この国には年間およそ五万人の扶養家族が流入し、彼らのほとんどはこの国に移民の子孫を増加させる原因となります」

パウエルは、「自分の個人的な仕事を運営する人が、ある同胞市民と別の市民を区別する」権利は守られなければならないと述べ、移民人口が病院のベッドや学校、住宅地や雇用を占領し始めている現状では、新しい人種関係法案は黒人に対する差別をやめさせるより、むしろ白人に対する差別を助長すると主張した。

パウエルはまた、人種や文化の統合がどの程度まで可能なのか疑わしいと述べた。拡大した移民のコミュニティは、イギリス社会に統合されるよりも、独自の習慣を守ろうとする傾向が強くなる。「人種的、宗教的な違いを維持し、むしろ違いを鮮明にすることで、既得権を拡大しようとしているのです。そこには、まず他の移民に対して、次には移民以外の人々に対して、実質的な支配力を及ぼす意図があります」

パウエルはこの演説の要所要所で不吉な比喩を用いた。「国家がみずからの火葬用の薪をせっせと積み上げている」。「このような法律を制定するのは火薬にマッチを投げ込む危険を冒すようなものだ」。彼は、白人のイギリス人は「迫害される少数派」だと述べ、この演説の題名としてよく知られる「血の川」［ウェルギリウスの叙事詩『アエネーイス』からの引用］という言葉によって、不吉で強烈な警告を締めくくった。

パウエルのようなイギリス人が誇りにしているイギリスの国民性は、過去にこの国に流入した移民の波――ローマ人、デーン人、アングル人、サクソン人、ノルマン人――によって形成された。古典学者であったパウエルがそれを忘れていたとは考えられない。パウエルは生涯、自分は人種差別主義者ではなく、この国の将来を憂慮するひとりの生粋のイギリス人に過ぎないと主張し続けた。この演説は、そうした人物が発した勇気ある警告だった。しかしイギリスが移民によって侵略されるという率直で終末論的な予想は、国民の半分に衝撃を与えたが、もう半分はパウエルを自分の意見の代弁者と見なした。保守党の党首エドワー

率直な発言で賛否両論を巻き起こしたパウエルは、鋭い政治評論家でもあり、「あらゆる政治生命は失敗によって断たれる」という金言を残した。

ド・ヒースは、影の内閣の閣僚の任務からパウエルを解任したが、移民反対派の票が保守党に集まった結果、保守党は一九七〇年の総選挙で予想外の勝利を手に入れた。今日でも極右派の人種差別的ヘイト集団は、パウエルの演説を自分たちの主張のよりどころにしている。彼らの間では、「イノックは正しい」というスローガンが書かれたTシャツやバッジを身につけるのが流行している。

†

シク教徒のコミュニティがイギリスにふさわしくない習慣を守るためにキャンペーンを展開しているのは、まことに遺憾なことです。イギリスで、とりわけ公共機関で働く場合は、雇用上の取り決めや条件を受け入れる必要があります。特定の共同体の権利（あるいは儀礼と言うべきでしょうか？）を主張することは、社会に分裂を招く危険があります。この自民族中心主義は社会をむしばむ毒です。どのような肌の色の人々が行使するとしても、強く批判されなければなりません。

社会を分裂させる危険をはらんだこれらの集団にとって、人種関係法案で提案された法律は、繁栄するために不可欠な栄養そのものです。この法律は、移民社会がメンバーを結束させて世論をあおり、他の市民に敵対する運動を行ない、無知でよくわかっていない人たちが提供した法的な武器を用いて他の国民を威圧し、支配できる可能性を示しているのです。将来を考えると、私は不吉な予感で胸がふさがれる思いです。あのローマ人のように、「テヴェレ川がおびただしい血で泡立つ」のが目に見えるようです。

私たちが恐れおののきながら見守っている大西洋の向こう側の悲劇的で手の施しようのない現象は、アメリカ合衆国そのものの歴史と存在に深く結びついたものですが、それが今や私たち自身の選択と怠慢によって、私たちの身に降りかかろうとしています。実のところ、それはもうすでに来ているも同然なのです。数の上では、今世紀が終わるよりかなり前に、人口比率はアメリカと同じようになるでしょう。

今でさえ、それを回避する方法は断固とした迅速な行動しかありません。そのような行動を要求し、実現する意志が国民にあるのかどうか、私にはわかりません。わかっているのはただ、危険を見ながら警告しないのは重大な裏切りだということです。

――「血の川」演説

071 ニール・アームストロング

「ひとりの人間にとっては小さな一歩だが、人類にとっては偉大な飛躍だ」——一九六九年七月二一日

"One small step for [a] man, one giant leap for mankind"

およそ五億三〇〇〇万人が見守る中、ニール・アームストロングは月面に降り立つ初めての人類となった。アームストロングと同僚のバズ・オルドリンを静かの海に運んだアポロ一一号のミッションは、人類が達成したもっとも偉大な技術的挑戦だった。

地球の大気圏外に人間を運び、宇宙空間にある別の天体に降り立たせることが一九六九年にはどれほ

ど並外れた大事業だったかを、私たちはつい忘れてしまう。宇宙飛行に必要な技術の大半は一から開発されたもので、そのほとんどは初期のミッションで試験済みだったとはいえ、今日の基準から見れば、その多くはまだ初歩的なものに過ぎなかった。たとえばアポロの誘導コンピューターのメモリは六四キロバイトしかなかった。アームストロングが月面の安全な着陸地点に向かって月着陸船を操縦していたとき、コンピューターが過負荷の状態になったのは無理もなかった。

ケネディ大統領は一九六二年に、「われわれは月へ行くことを選ぶ」と宣言した。このとてつもない野心を実現させ、サイエンスフィクションを科学的事実に変える宇宙飛行を実現させるために、途方もない創造的努力が費やされた。アポロ計画は理想主義に基づく大胆な計画だったが、実利的な関心によって推進されたのも確かだ。ロシアが一九六〇年代に着手した宇宙開発競争にアメリカは大きく出遅れてい

"All the News That's Fit to Print"

The New York Times

LATE CITY EDITION

NEW YORK, MONDAY, JULY 21, 1969

10 CENTS

MEN WALK ON MOON

ASTRONAUTS LAND ON PLAIN; COLLECT ROCKS, PLANT FLAG

Voice From Moon: 'Eagle Has Landed'

A Powdery Surface Is Closely Explored

VOYAGE TO THE MOON

月面着陸を報道するアメリカの新聞。アームストロングの言葉は長い演説ではないが、地球以外の天体で人類が発した最初の言葉として永遠に歴史に刻まれるだろう。

た。アメリカの誇りは地に落ちていた。宇宙旅行のために開発された技術の恩恵は、すべてが人道的なものとは限らなかった。しかしアームストロングとオルドリン、そして司令船操縦士のマイケル・コリンズの業績は、ただアメリカのためだけでなく、全人類のためのものである。

ニール・アームストロングは月着陸船を出て、側面にある九段のはしごを降りた。「オーケー、これより月着陸船から足を降ろす」とアームストロングは告げた。彼はイーグルと名づけられた月着陸船から左足を浮かせ、それを地表に降ろした。

「これはひとりの人間にとっては小さな一歩だが、人類にとっては偉大な飛躍だ」

この瞬間の張り詰めた空気と人類にとっての重要性——二〇万年前に地球上に出現した現生人類が、初めて地球を離れて活動した瞬間——を考えると、アームストロングのこの言葉は、最初の一歩と同じように注目を集めた。英語では「One small step for [a] man, one giant leap for mankind.」だが、その日の放送では「man」の前の不定冠詞の「a」が聞きとれなかった。定冠詞も不定冠詞もなければ、「man」と「mankind」は同じ「人類」という意味になり、「人類にとっては小さな一歩だが、人類にとっては偉大な飛躍だ」という妙な文章になってしまう。アームストロングは冗談を言ったのだろうか?

もちろんそんなことはない。録音された音声を分析しても、「a」が発音されたかどうか、明確な結論は出なかった。もっとも可能性の高い説明によれば、アームストロングは口の中で「a」の音を作ったが、それを発声しなかったと解釈されている。重要なのは、彼が何を言おうとしたかだ。ひとりの人間と人類全体を対比させたアームストロングの意図の中に、あの瞬間の持つ意義のすべてが凝縮されている。

アームストロングがその言葉をいつ言おうと決めたのかという点についても、いろいろな説がある。アームストロング本人は、月着陸船から月面に降りるのを待っている間に考えたと語っていた。しかし彼の死後、弟のディーン・アームストロングは、ニールはアポロ一一号の打ち上げの数カ月前に原稿を作っていたと明かした。NASAの広報担当者がその場にふさわしい感動的な言葉を考えてアームストロングに託したのだと想像する人もいる。その言葉をいつ誰が考えたにせよ、感動を与えたのは彼らの偉業そのものであり、アポロ一一号の乗組員、三人の宇宙飛行士を地上で支援したミッション・コントロールの数千人の人員、そしてアメリカをこの冒険に乗り出させたケネディの大胆な先見性である。

アームストロングとオルドリンの後、月面を歩いた人はわずか一〇名しかいない。一九七二年のアポロ一七号が人間を月に運んだ最後のミッションになった。その後はスペースシャトルと国際宇宙ステーションがNASAの主要な事業となり、各国が宇宙で協力するというケネディの希望は実現した。アームストロングの偉大な飛躍からすでに五〇年が経過した。アポロ一一号を含めて四回の月面着陸に成功した四年間は、人類の二〇万年の歴史の中ではほんの一瞬にすぎない。しかしそれはかけがえのない一瞬だった。

オーケー、これより月着陸船から足を降ろす。
これはひとりの人間にとっては小さな一歩だが、人類にとっては偉大な飛躍だ。

†

072

マックス・B・ヤスガー

「ここはアメリカだ。
彼らにフェスティバルをやらせましょう」——一九六九年七月二一日

“This is America, and they are going to have their festival”

ウッドストック・フェスティバルは中止寸前に追い込まれていた。開催日まで一カ月足らずという時期になっても、企画者は会場を手配できなかったのだ。フェスティバルはニューヨーク州の三つの町で住民の反対によって拒否された。フェスティバルの開催を阻止するために新しい法律を制定した町さえあった。そんなとき、主催者はマックス・ヤスガーという酪農家を紹介された。

マックス・ヤスガーは四九歳で、六〇年代のカウンターカルチャーとはまるで縁のない人物だった。彼は自分の農場で生産する牛乳やバターを、地元のベセルの町の店に売って生計を立てていた。しかし丘陵の斜面に広がる彼の農場は、古代ローマのすり鉢状の円形劇場のように、音楽会場として絶好の条件を備えていた。七月二〇日、ウッドストック・フェスティバルの主催者はこの農場を一万ドルで借り受けた。このフェスティバルはウッドストックで開催される予定だったため、すでにウッドストック・ミュージック・アンド・アート・フェアとして宣伝されていたので、場所が変わっても名称は変更されなかった。

ヤスガーは長髪のフェスティバル関係者に好感を持ったようだった。主催者のひとり、マイク・ラングにヤスガーはこんな冗談を言っている。フェスティバルが失敗したらマイクの頭を角刈りにしてや

酪農場に陣取った若者たちに語りかけるマックス・ヤスガー。世界最大のロック・フェスティバルを実現に導いたヤスガーは、わずか4年後の1973年に心臓発作で亡くなった。

る。だけどもしうまくいったら、禿げ上がったヤスガーが髪を伸ばしてみせるよ、と。

しかし酪農家のヤスガーとベセルの住民の関係は、すぐに険悪になった。彼らのコミュニティにヒッピーが押しかけることに猛反対し、フェスティバルが実施できないように土地使用制限法を改正しようとする町民もいた。七月二一日、ベセルの町の土地利用規制委員会は、この申請について話し合うために集まった。マックス・ヤスガーはこの委員会で意見を述べることを認められた。

彼はこう述べた。「みなさんはあの場所で作業している若者たちの身なりが気に入らない。彼らのライフスタイルも気に入らない。彼らが戦争に反対で、それをおおっぴらに主張するのも気に入らないと聞きました」。同意するざわめきを聞きながら、ヤスガーは続けた。「私も彼らの何人かの身なりは特別好きだというわけではありません。彼らのライフスタイル、特にドラッグとか自由恋愛が特別に好きなわけでもない。彼らの一部がこの国の政府について言っていることにも賛成しません」。アメリカのベトナム戦争介入に反対するヒッピーの運動は、月日を追うごとに激しさを増していた。誇りをもって第二次世界大戦を戦い抜いた世代は、彼らの子ども世代の考え方がどうしても受け入れられなかった。

マックスは話の矛先を変えた。「私がアメリカの歴史をちゃんと理解しているなら、何万人ものアメリカ兵が戦争に次ぐ戦争に命を捧げてきたのは、あのような若者たちが今まさにやろうとしていることができる自由を手に入れるためでした。それがこの国の目指すところであり、みなさんが彼らの服装や髪や、生き方や信じるものを気に入らないというだけで、彼らをこの町から放り出させるわけにはいきません」。着席する前に、ヤスガーは最後の決め手となる言葉を放った。「ここはアメリカだ。彼らにフェスティバルをやらせましょう」

土地利用規制委員会はフェスティバルに許可を出した。主催者は彼らに、会場に集まるのはせいぜい五万人だと請け合った。ヤスガーの言葉は委員会に感銘を与えたが、ベセル市民の中には納得しない者もいた。彼らは、「マックスのヒッピー音楽フェスティバルを中止せよ」と書いた看板を出し、ヤスガー農場の牛乳の不買運動を始めた。農場の建物に放火するという脅迫電話もかかってきた。フェスティバル初日の二日前になると、不安を感じたベセルの市民は人間の鎖を作ってこの地域に入る道路を封鎖しようと試みた。その頃にはすでに、五〇万人に膨れ上がったヒッピーの中の気の早い人たちが到着し始めていた。

反対運動に直面したヤスガーは、かえってフェスティバルをいっそう強く支持するようになった。「ジェネレーションギャップを埋める必要があるなら、われわれ年長者がこれまで以上に努力しなければいけない」。五万人の観客を想定したフェスティバルの設備は、その一〇倍の人数をさばくにはまったく不十分だった。地元の人々がヒッピーに水を売り始めると、腹を立てたヤスガーは牛乳瓶に水を入れて無料で配り、食べ物を原価または無料で提供した。

フェスティバル三日目の八月一七日、ジョー・コッカー［イギリス出身の歌手］が『ウィズ・ア・リトル・ヘルプ・フロム・マイ・フレンズ』を歌う直前に、ヤスガーは観客に語りかけた。彼は緊張しながら、

「私は農家です」と話し始めた。「一度に二〇人の人に向かって話すのでさえ難しいのに、こんなに大勢の人の前でどう話せばいいのかわかりません。五〇万人もの若者が集まって……喜びと音楽だけの三日間を過ごせること、喜びと音楽以外何も持たずにいられることを、みなさんは世間に証明しました。みなさんに神のご加護がありますように！」

ウッドストック・フェスティバルは一九六〇年代のあらゆる種類の理想主義が手を取り合ったイベントであり、一九八五年に二〇世紀最大のチャリティーコンサートであるライブエイドが開催されるまで、大衆文化最大の金字塔とみなされていた。一九七〇年に、ヤスガーと同じ酪農家でイギリス人のマイケル・イービスが、サマセット州のグラストンベリーに近い彼のワーシー・ファーム農場で同様のイベントを開こうと思い立った〔このイベントは英国最大の音楽祭グラストンベリー・フェスティバルとして今も続いている〕。しかしマックス・ヤスガーは、一九七〇年にもう一度ウッドストック・フェスティバルを開きたいという依頼を断っている。彼の農場は群衆に踏みつけられて損傷がひどく、主催者は賠償金として五万ドルを追加して支払ったが、ヤスガーは、「私は酪農経営に戻るよ」と言って決心を変えなかった。

†

みなさんがフェスティバルをやめさせるために、土地使用制限法を改正しようとしていると聞きました。みなさんはあの場所で作業している青年たちの身なりが気に入らない。彼らのライフスタイルも気に入らない。彼らが戦争に反対で、それをおおっぴらに主張するのも気に入らないと聞きました。……私も彼らの何人かの身なりは特別好きだというわけではありません。彼らのライフスタイル、特にドラッグとか自由恋愛が特別に好きなわけでもない。彼らの一部がこの国の政府について言っていることにも賛成しません。

しかし、私がアメリカの歴史をちゃんと理解しているなら、何万人ものアメリカ兵が戦争に次ぐ戦争に命を捧げてきたのは、あのような若者たちが今まさにやろうとしていることができる自由を手に入れるためでした。それがこの国の目指すところであり、みなさんが彼らの服装や髪や、生き方や信じるものを気に入らないというだけで、彼らをこの町から放り出させるわけにはいきません。ここはアメリカだ。彼らにフェスティバルをやらせましょう。

――ウッドストック・フェスティバルに先だって、ベセルの委員会での演説

073 ベティ・フリーダン

女性の平等のためのストライキ——一九七〇年五月二〇日

Strike for Equality

ベティ・フリーダンは全米女性機構の会長を退くとき、かつて自分が設立した組織にただ別れを告げるだけでは満足しなかった。その機会を利用して、フリーダンはフェミニズムの活動を新たな次元に進めるために、信頼する仲間たちさえ驚くような宣言をした。

ベティ・フリーダンの著書、『新しい女性の創造』(三浦冨美子訳、大和書房)は、アメリカにおけるフェミニズム第二波のきっかけを作ったと考えられている。第一波フェミニズムは、女性参政権運動や、相続権などの法的差別の問題に取り組んだ。女性たちの新たな目標は、職場や家庭での平等だった。一九六〇年代初めに女性のための機会の平等と賃金の平等を定める法律が制定されたが、実際に適用されるケースはほとんどなかった。

雇用における男女平等がなかなか進展しない状況を改善するために、フリーダンは一九六六年に全米女性機構(NOW)を設立した。NOWは一九六三年の平等賃金法や一九六四年の公民権法の施行を求めて、雇用機会均等委員会などの機関に圧力をかけた。NOWの初期の成果のひとつは、アフリカ系アメリカ人だけでなく、女性もアファーマティブ・アクション[差別を受けている少数派の人々に対し、教育や雇用機会を優先的に与えて機会均等を確保するための措置]の対象に加えるのを認めさせたことだ。また、男女差別的な求人広告の禁止も勝ち取った。

NOWの初代会長に就任したフリーダンが推進した活動の中には、仲間の全面的な賛成を得られないものもあった。フリーダンが支持した人工妊娠中絶の合法化は、胎児の生命尊重の観点から中絶に反対する人々の怒りを買った。また、アファーマティブ・アクションは白人女性よりアフリカ系アメリカ人に力を入れるべきだという意見も多かった。とはいえ一九七〇年の会長辞任の挨拶では、フリーダンは任期中に達成した成果を誇らしく振り返るだろうと誰もが予想した。しかしフリーダンは思い出に浸るどころか、その場を借りてアメリカの女性にさらなる行動を促した。

シカゴで開催されたNOWの大会で、フリーダンはそれまでのフェミニスト運動の進展をほぼ二時間にわたって振り返った。そして同時に、女性参政権獲得五〇周年の記念日に、思い切った行動をしようと呼びかけた。フリーダンが提案したのは女性によるストライキである。フリーダンはこう訴えた。

「秘書はタイプライターにカバーをかけ、ノートを閉じ、電話交換手は交換台のプラグを抜き、ウェイトレスは給仕するのをやめ、掃除婦は掃除をやめましょう」

「男性ならもっと高い給料をもらえるはずの仕事をしているすべての女性は、仕事をやめましょう！」

それはとうてい考えられないアイデアだった。性別を限定したストライキなど可能だろうか。トラック運転手がストをしたことはあった。清掃作業員もストをした。しかし女性がストライキをするとはどういうことだろうか？　フリーダンは働く女性だけを念頭に置いていたわけではなかった。「暗くなったら夕飯の支度をし、セックスをする

抗議のためにセックスをボイコットするように呼びかけたフリーダンは、紀元前411年に古代ギリシャのアリストパネスが書いた喜劇『女の平和』を思い出させた。

代わりに、それぞれの町で集まってろうそくを灯し、市庁舎に集結して女性の力を目に見える形で示しましょう」

それは女性が労働から完全に手を引くことにほかならなかった。演説の最後に、彼女はこう呼びかけた。「私はあなた方の先頭に立って歴史を作ってきました。これから新しい歴史を作る仕事をあなた方に託して、私は別れを告げようと思います」。会場全体が立ち上がってフリーダンに万雷の拍手を浴びせた。しかし会員わずか三〇〇〇人あまり、年間予算四万ドル弱の結成間もない組織にとって、その計画は控えめに言ってもあまりに野心的だった。フリーダン以外のNOWの役員にとっても初耳だったに違いない。ニューヨーク・タイムズ紙はこの演説を報じる記事の中で、フリーダンを「戦闘的指導者」と呼んだ。この全国的イベントを準備する期間は、わずか五カ月しか残されていなかった。

提唱されたストライキはメディアで物笑いの種になった。しかしベティ・フリーダンの呼びかけは女性たちの心をとらえた。職場の男性から馬鹿にされたせいで発奮し、ひとり、またひとりと、女性たちはひそかにストライキへの参加を決めた。一九七〇年八月二六日の女性参政権記念日に、ニューヨーク市で五万人の女性がストライキを支持する行進に参加したとき、男性たちははじめて女性の真剣さを思い知らされた。全米五〇州のうち四三カ所で同様のイベントが開かれた。

ベティ・フリーダンのストライキの呼びかけは、社会における女性の役割に光を当て、男性はこれまでのように無関心を決め込むわけにいかなくなった。ニューヨーク・タイムズは二〇〇六年にフリーダンの追悼記事を掲載し、彼女に対する同紙の昔の見解をあらため、フリーダンは「アメリカの社会情勢を永遠に変えた」と述べた。

†

オフィスで秘書として雑用をこなしている女性は、タイプライターにカバーをかけ、ノートを閉じ、電話交換手は交換台のプラグを抜き、ウェイトレスは給仕するのをやめ、掃除婦は掃除をやめましょう。男性ならもっと高い給料をもらえるはずの仕事をしているすべての女性は、仕事をやめましょう！

暗くなったら夕飯の支度をし、セックスをする代わりに、それぞれの町で集まってろうそくを灯し、市庁舎に集結して女性の力を目に見える形で示しましょう。女性はその夜、政治的決定の場を占拠し、その行動の政治的意義を明らかにするために、一夜の愛を犠牲にしましょう。海や山で休暇中の議員の居場所を突き止め、上院議員が女性の平等な権利に本気で取り組むまで、夜通し抗議し、昼間も後を追いましょう。

私たち女性の団結力は強固です。人口の五三パーセントを占める女性の侮りがたい政治力は今や目に見えるものとなり、真剣に受け止められるようになっています。それというのも、自分を一人前の人間と考える私たちが力を合わせ、各都市や州で必要な行動を取り、私たちの意見が聞き入れられるように努力してきたからです。

私はあなた方の先頭に立って歴史を作ってきました。これから新しい歴史を作る仕事をあなた方に託して、私は別れを告げようと思います。

――全米女性機構の初代会長を辞任するにあたり、女性たちに平等のためのストライキを呼びかけた演説

074 ジョン・ケリー

反戦ベトナム帰還兵――一九七一年四月二二日

Vietnam Veterans Against the War

ジョン・ケリーはベトナムで軍功を挙げた帰還兵である。彼の任務は小型の高速哨戒艇に乗り、ベトナムの川と海岸線の水路をパトロールすることだった。ケリーは戦地での勇敢な行為を称えられ、ふたつのメダルを受賞している。しかし戦争中に無意味な残虐行為や苦痛を目撃した彼は、帰国後にすべてを語る決心をした。

ジョン・ケリーはパープルハート章を三度受章した功績によって、アジアでの軍務から早期帰還を認められ、残りの兵役期間をブルックリンで副官として勤務した。一九七〇年一月に除隊した後、ケリーは反戦ベトナム帰還兵会(VVAW)に加入し、「ウインター・ソルジャー(冬の兵士)調査会」に参加した。この会は帰還兵が戦地で目撃した身の毛のよだつ戦争犯罪や残虐行為に関する証言を聞き取り、戦争の恐ろしさを公表する目的で開かれた。

上院外交委員会は、ベトナムにおけるアメリカの役割を再検討するためにフルブライト公聴会を開いて証拠集めを開始し、一九七一年にケリーの出席を要請した。ケリーはこの委員会で証言する初めてのベトナム帰還兵だった。彼はウインター・ソルジャー調査会で聞いた話も交えて、ベトコンだけでなく、南北ベトナムの罪もない市民に向けられたアメリカ兵の残忍行為を生々しく衝撃的な描写で証言した。

ケリーはアメリカに帰国した帰還兵の怒りをきわめて率直に語った。彼らは国家の名において戦争犯罪を行なったにもかかわらず、心身に負った傷や、今後の市民生活の展望について何の配慮も受けられないという現実に直面していた。帰還兵のおよそ二〇パーセントが失業状態にあり、退役軍人病院に入院した患者の半数以上が自殺をほのめかし、四分の一以上が実際に自殺を図った。ケリーは帰還兵が苦しむ戦争神経症について語り、「この国はまだその事実を知りませんが、国家は暴力で片をつけろと教え込まれた数百万の兵士の姿をした怪物を生み出したのです」と述べた。

委員会の目的に沿ってケリーは率直に話し、ベトナム戦争の正当性について疑問を投げかけた。「南ベトナムには現実的にアメリカを脅かすものは何もなく、そのようなことが起きる可能性もありません」。そして彼はこう証言した。「われわれは死者の数が偽造されるのを、はっきり言えば死者の数が都合よくごまかされるのをこの目で見ました。われわれは負けることも、退却することもあってはならないからです。そしてそれを証明するために、どれほど多くのアメリカ兵の命が失われようと構わないからです。毎日誰かが死ななければなりません。ニクソン大統領が――これは大統領自身の言葉ですが――戦争に負けた最初のアメリカ大統領にならないために」

フルブライト公聴会でのケリーの力強い証言は、ベトナム戦争を題材にしたケン・バーンズのドキュメンタリー番組で大きく取り上げられた。

　この戦争はベトナム人の自由を守るために、共産主義の侵攻を阻止する戦いだと言われていた。「しかし今の彼らは、われわれに支配されて自由を失っています」とケリーは指摘した。「ほとんどの国民は共産主義と民主主義の違いさえ知りません。彼らが望んでいるのはただ、機銃掃射するヘリコプターや村を焼くナパーム弾に怯えずに水田で働くことです。われわれは世界中で共産主義と闘うことはできません。もうそろそろその教訓を学ぶべきではないかと思います」。ベトナム戦争は誤った想定のもとで戦われてきた。この戦争は過ちだった。「その過ちのために最後のひとりになるまで戦って死ねと、そんなことがどうして言えるのでしょうか？」

ケリーの長い演説は、公聴会に出席した仲間の帰還兵の拍手や賛同の声によってしばしば中断させられた。ケリーは最後に、帰還兵の窮状について何も声を上げようとしない軍の指導者にも批判を浴びせた。「彼らの証言は必要ありません。われわれの体に残る傷痕や切断された手足が十分な証拠です。……慈悲深い神がわれわれの戦場での記憶を拭い去ってくだされればいいと思います。政府がわれわれについての記憶をいとも簡単に拭い去ってしまったように」

アメリカ国民は一九七二年にニクソンの再選を許したが、アメリカは一九七三年に、ついに北ベトナムとの停戦に合意した。帰還したアメリカの戦争捕虜の中には、アメリカの戦争犯罪に関するケリーの証言のせいでベトコンから拷問を受けたと主張する者もいた。しかしケリーの証言は、委員会とアメリカの大衆の戦争に対する考え方に深い影響を与えた。

ケリーはマサチューセッツ州選出上院議員として連続して五期務めた。フルブライト公聴会で証言してから三三年後［二〇〇四年］、民主党候補としてジョージ・W・ブッシュと大統領選を戦った。ベトナム戦争中にブッシュがテキサス空軍州兵という比較的安全な任務についていたのに比べて、ケリーはベトナムでの従軍経験を選挙戦で利用した。しかしケリーが上院議員としてアメリカのイラク侵攻に賛成票を投じたことは、多くの人を失望させた。彼はイラク戦争の予算の承認には反対したが、その矛盾した態度が大統領選に敗北する原因のひとつになった。

†

アルカトラズ島のインディアン領地で暮らしているネイティブ・アメリカンの友人が、私にはっきり言いました。彼はインディアン保留地で暮らしていた子供の頃、テレビでカウボーイがネイティブ・アメリカンを撃つのを見て歓声を上げていたそうです。そしてある日突然、ベトナムで我に返って、彼はこう言ったのです。「なんてことだ、僕の民族がやられたのと同じことを、僕はこの人たちにやろうとしている」。彼はそれ以上言いませんでした。われわれが言おうとしているのはそういうことです。こんなことは終わりにしなければいけません。

また、われわれがここに来たのはある疑問を問いただすためです。われわれは問いたい。とことん問いただしたいと思います。わが国の指導者はどこにいるのか？　リーダーシップはどこにあるのか？　われわれは問いたい。マクナマラ、ロストウ、バンディ、ギルパトリック、その他の多くの人たちはどこにいるのか？　彼らが戦場に送った兵士が返ってきた今、彼らはどこにいるのか？　彼らは兵士を見捨てた司令官であり、戦争法ではそれ以上に重大な罪はありません。陸軍は決して負傷者を置き去りにしないと言います。海軍は死者さえも置き去りにしないと言います。ところが彼らは死傷者をすべて置き去りにして、表向きの公正さを隠れ蓑にして退却しました。彼らは自分たちの名誉のもっとも重要な部分を投げ捨てて、この国の太陽のもとで色あせるに任せています。

そして最後に、政府はわれわれに最大の侮辱を与えました。彼らはわれわれと、われわれがこの国のために捧げた犠牲を否定しました。彼らは盲目と恐れのせいで、われわれが帰還兵であることや、ベトナムで従軍したことを否定しようとしました。彼らの証言は必要ありません。われわれの体に残る傷痕や切断された手足が、他の兵士たちにとっても、われわれ自身にとっても十分な証拠です。慈悲深い神がわれわれの戦地での記憶を拭い去ってくだされればいいと思います。政府がわれわれについての記憶をいとも簡単に拭い去ってしまったように。

——ベトナム戦争に関する連邦議会での証言

075
ハリー・ブラックマン

ロー対ウェイド裁判判決――一九七三年一月二二日

Roe vs. Wade

中絶の権利は今日のアメリカの社会政治において、もっとも意見が激しく対立する問題のひとつである。テキサス州で未婚女性が中絶を受ける権利を争った一九七三年のロー対ウェイド裁判で最高裁判所が示した判決に対して、世論は真っ二つに割れた。

ジェーン・ローという仮名を使い、匿名で裁判に臨んだ原告は、一九六九年にレイプによって妊娠したと当局に訴えたにもかかわらず、中絶を認められなかった。ふたりの若い弁護士、リンダ・コーフィーとサラ・ウェディントンはテキサス州ダラス郡の地方検事、ヘンリー・ウェイドを相手取り、テキサス州北部地区連邦裁判所で訴訟を起こした。裁判所はローの訴えを認め、テキサス州の中絶禁止法を違憲と判断したが、法の執行差止は認めなかった。

コーフィーとウェディントンは連邦最高裁判所に上訴し、一九七二年に二度目の審理が行なわれた。一回目の審理はいくつかの理由で不首尾に終わったが、その原因の最たるものは、中絶禁止法を弁護する立場に立ったテキサス州司法次官補の開口一番の言葉だった。口頭弁論の最初に、彼は議長を務めるウォーレン・バーガー最高裁判所長官に向かって無神経な発言をした。「申し述べさせていただければ、古い冗談ではありますが、このように麗しいふたりのご婦人を相手に男性が議論をしても、最後に勝つのはあちらに決まっています」

最高裁判所の陪席裁判官で、バーガーの友人でもあるハリー・ブラックマンは、この判決の重要性がよくわかっていた。彼は数カ月かけて最終的な意見の執筆と中絶法の歴史の調査を行なった。一九七三年一月二二日、最高裁判所は七対二でジェーン・ローの訴えを認め、ブラックマンが書いた多数意見が判決として述べられた。判決では、憲法修正第一四条で規定されるプライバシーの権利は、中絶を受けるか否かというきわめて個人的でプライベートな決定をする女性の権利を含むと述べられた。

「個人のプライバシーの権利は中絶の決定を含む」とブラックマンが裁定した結果、四六もの州の中絶法が違憲となった。しかしブラックマンは同時に、「その権利は無制限ではなく、規制において州が持つ重要な利益と比較して考慮されなければならない」と述べた。こうしてブラックマンは女性の権利と、母体の安全や発育する胎児の潜在的な人としての命の双方を考慮する州の義務との間にバランスを取った。

ハリー・ブラックマンは共和党のリチャード・ニクソン大統領によって1970年に任命されたが、最高裁判所でもっともリベラルな裁判官のひとりになった。

その目的に沿って、ブラックマンは妊娠期間を三つに分け、中絶を最初の三分の一の時期に制限した。しかし妊娠初期の胎児の生命を救う医療技術の発達によって、この制限はつねに議論にさらされている。次の三分の一の時期には、中絶の決定に関して母体の生命の安全が重要な要因となる度合いが増し、最後の三分の一の時期には、母体外で胎児が生存可能かどうかがもっとも重要な関心になる。修正第一四条が適用されたロー対ウェイド裁判の判例は、プライバシーが要件となる他の論争においてもしばしば引用されている。

中絶論争は他のどんな問題よりも感情的対立を招きやすい。それは死刑と同様に、生命の終結に関わっているからだ。賛成と反対の間に中間地点はなく、妥協の余地もない。ロー対ウェイド裁判が有名になったため、ブラックマン裁判官には殺人の脅迫状が届けられ、プロライフ［中絶反対派］やプロチョイス［中絶容認派］の主要グループが次々に結成された。中絶のように道徳的重要性が大きい問題にはよくあることだが、論争の中で個人の人生はしばしばないがしろにされる。

判決が出てまもなく、ジェーン・ローはノーマ・マコービーという本名を明かした。ノーマは子供の頃に虐待され、一六歳で結婚した夫に暴力を振るわれた過去があった。ロー対ウェイド裁判で争点となったのは、ノーマの三度目の妊娠だった。一九六九年に中絶を拒否され、裁判中に生まれた子どもは、前のふたりの子どもと同様に養子に出された。レイプによって妊娠したと言ったのは、中絶を認めてもらうための作り話だったとノーマは後から告白している。

ノーマはダラスの中絶クリニックで働いていたが、しばらくたってからロー対ウェイド裁判の判決を後悔するようになった。彼女は一九九四年にローマ・カトリックに入信し、熱心なプロライフ支持者になって、自分の主張が認められたロー対ウェイド判決を覆すために活動した。ノーマは二〇一七年二月に心不全で亡くなった。

†

州がこの選択［中絶］を禁止することによって妊娠女性がこうむる損害は、まったく明らかである。妊娠初期でさえ、医学的に診断可能な特定の直接的危害が引き起こされる可能性がある。母になること、あるいは子どもが増えることによって、その女性の人生や将来が苦痛の多いものとなる場合もある。心理的な危害が切迫する場合もある。子どもの世話によって、精神的健康および身体的健康に負担がかかる可能性もある。

また、関係者全員にとって、望まれない子どもの誕生にともなう苦悩があり、心理的な、あるいは別の理由ですでに子どもの世話をすることができない家族に子供がもたらされるという問題がある。また別の場合には、本件と同様に、未婚の母になることで、さらなる苦労と継続的な汚名を背負う可能性がある。これらはすべて、その女性と担当医師が診察において必ず考慮するであろう要因である。

このような要因に基づいて、上訴人および法廷助言者は、女性の権利は絶対的であり、彼女がひとりで選択するいかなる時期、いかなる方法、いかなる理由であれ、妊娠を終結させる権利があると主張している。

この点についてわれわれは同意しない。……プライバシーの権利を認める連邦最高裁判所の決定は、その権利によって保護される領域において、州のいくつかの規制が適切であるとも認めている。州は健康を保護し、医療水準を維持し、潜在的な生命を守ることに重要な利益を持つと適切に主張できる。妊娠のある時期において、これらの各利益は、中絶の決断の基準となる要因の規制を認めるための十分にやむにやまれない理由になる。したがって、関連するプライバシーの権利は絶対的であるとは言えない。……

したがってわれわれは次のように結論する。個人のプライバシーの権利は中絶の決定を含むが、その権利は無制限ではなく、規制において州が持つ重要な利益と比較して考慮されなければならない。

――ロー対ウェイド裁判判決

076 リチャード・ニクソン

辞任演説――一九七四年八月八日
Announcement of Resignation

私たちは高い地位にある人々に高い水準を要求する。彼らが転落するときは、ふつうの人々よりはるかに深く落ちるものだ。ニクソン大統領がアメリカ最高の地位と栄誉から転落していく姿は、劇的で息を呑むような光景であり、新聞やテレビは連日その経緯を子細に報道した。

ベトナム戦争に反対する世論の高まりにもかかわらず、リチャード・ニクソンは一九七二年の大統領選で、軍事費の削減と徴兵忌避者への恩赦を訴えたジョージ・マクガバンに大差をつけて勝利した。東アジア地域からの撤退と、共産主義の中心地である中国やソ連、そして過去に敵対していたアラブ諸国との新たな友好関係の構築は、ニクソンに課せられた任務となった。こうした国際的な緊張緩和は、ニクソン大統領の歴史に残る業績となるはずだった。

しかしウォーターゲート事件のせいで、ニクソンはおそらく「トリッキー・ディッキー」［「ずる賢いディック」の意。ディックはリチャードの愛称］という不名誉なあだ名で後世に記憶されるだろう。民主党本部のあるワシントンDCのウォーターゲートビル侵入事件への関与と、政敵や反対運動家を陥れる汚いやり口が明るみに出て、ニクソンは政府内の支持を失った。ニクソンは、暴露報道は今日でいう「フェイクニュース」の類であり、自分は不法侵入について何も知らないと主張した。彼はアメリカ国民に向かって、「ホワイトハウスにごまかしはあり得ない」と胸を張った。

大統領執務室の会話を録音した内密のテープの存在が暴露された後、ニクソンはウォーターゲート事件の調査を率いる特別検察官を解任した。彼はこの事態を何とか乗り切ろうと、「国民は自分たちの大統領がペテン師かどうか知る必要がある。私はペテン師ではない」と弁明した。しかし一本のテープから、ニクソンが早い段階でウォーターゲート事件について知らされていたことが明らかになり、ニクソンは弾劾を防ぐために必要な上院の票の半分も期待できないと宣告された。罷免される汚名を回避するため、ニクソンは辞任を決意した。

一九六〇年にニクソンは初めて大統領選に出馬するが、テレビをうまく利用できなかったのが一因で、ジョン・F・ケネディに敗れた。この敗北後、ニクソンはテレビ映りをよくするために工夫を重ね、一九六八年と一九七二年の大統領選ではテレビを非常に効果的に使って勝利した。ニクソンが国民に向けて語った辞任演説は、彼が大統領執務室から届ける三七回目の演説だった。「私は国家の利益に関わると信じる問題についてみなさんと語り合う必要があるときは、つねにこうして話をしてきました」。彼はカメラの前でリラックスし、落ち着いた様子で説明した。「私はこれまで困難を前にして逃げ出したことはありませんでした。しかし大統領として、私はアメリカの利益を最優先しなければなりません」

ニクソンは、翌日大統領として宣誓する予定のジェラルド・フォード副大統領への支持を訴えた。「何よりも重要なのは、この国が負った傷の修復に取りかかること、ここ最近の敵意と分裂を乗り越えることです」——自分の欺瞞が広げた分裂、とニクソンは言うべきだったかもしれない。

ウォーターゲート事件で嘘をついただけでなく、その後の調査でニクソンが1968年の大統領選を有利に戦うため、パリ和平協定に向けた1968年の協議を陰で妨害していた事実も明るみに出た。

「私の判断のいくつかが誤っていたとしても、そしていくつかは誤っていたのですが、それらはこの国の最善の利益を考えてしたことです」

ニクソンが少しでも自分の不正を認める発言をしたのはここだけだった。それ以外は、彼はひたすら自分の政治的業績を述べ立て、まるで弾劾を回避するというより、満足のいく務めを果たして任期を終える大統領のようだった。「われわれは四半世紀の間、アメリカと中華人民共和国との間に立ちはだかっていた扉の鍵を開けました」。「一億人のアラブ諸国民の多くは二〇年近くわれわれを敵とみなしてきましたが、今ではわれわれを友人と考えています」。「われわれはソビエト連邦と新たな関係を開きました」

ニクソンは世界の貧困とアメリカの豊かさについて語り、一時は戦争に敗れた最初のアメリカ大統領になりたくないと願っていたにもかかわらず、アメリカのベトナムからの撤退は平和の勝利だったと述べた。「戦争で死ぬのではなく、平和に生きること——これこそ私が大統領の務めを終えるにあたって、何にもまして私がみなさんに、わが国に、遺産として残したいと願うものです」

ニクソンは冒頭で辞任を宣言することによって、演説の終わる頃には生放送を見守る一億一〇〇〇万人のアメリカ人の多くが、辞任の理由を忘れてくれればいいとでも期待したのだろう。一九七八年にオックスフォード大学で講演したとき、ニクソンは辞任演説と同じように彼の業績を長々と振り返り、聴衆にこう告げた。「私はそれを台無しにしてしまった。メア・クルパ。［「罪は私にある」という意味のラテン語」しかし私の業績の話に戻ろう。みなさんが二〇〇〇年にふたたびここに集まったとき、私がどのように評価されているか知ることでしょう」

二〇〇〇年を過ぎても、ウォーターゲート事件は人々の記憶に残っている。これまでのところ、任期途中で辞任を余儀なくされた大統領はニクソンひとりしかいない。

†

私はこれまで政治家として下したすべての決断において、つねに国家のために最善となることをしようと努力してきました。長く困難なウォーターゲート事件の時期を通じて、私は屈せずにやり抜くこと、みなさんから選ばれた大統領としての任期をまっとうするためにできるかぎりの努力をすることが、私の義務だと感じてきました。

どのような個人的苦悩を味わうことになっても、私は最後までやり遂げたいと願い、家族も異口同音にそれを勧めてくれました。しかし国家の利益はいかなるときも、個人の考えより優先されなければなりません。議会をはじめ、さまざまな指導者の方々と相談した結果、私はこのような結論にいたりました。ウォーターゲート問題が原因で、私は困難な決断を支え、国家の利益が要求するとおりに大統領の義務を果たすために必要な議会の支持を得られなくなりました。

私はこれまで困難を前にして逃げ出したことはありませんでした。しかし大統領として、私はアメリカの利益を最優先しなければなりません。アメリカには全身全霊を捧げる大統領と、全身全霊を捧げる議会が必要です。特に国の内外でさまざまな問題に直面している昨今では、なおのことそうでなくてはなりません。

海外の平和と、国内のインフレなき繁栄に全力を集中すべきときに、私個人の身の証を立てるためにこれから数カ月間戦い続けることは、大統領と議会の双方の時間と注意をほぼ完全に奪うことになるでしょう。

したがって、私は明日の正午をもって大統領を辞任いたします。その時点で、フォード副大統領がこの執務室で大統領として宣誓するでしょう。

――テレビ放送された大統領辞任演説

077 ハーベイ・ミルク

「君たちが彼らに希望を与えなければいけないんだ」——一九七八年六月二五日

"You have to give people hope"

実質的なゲイ解放運動の始まりは、一九六九年にニューヨークでゲイバーのストーンウォール・インに警察が踏み込み、暴動が発生して世間の注目を浴びた事件がきっかけだった。同性愛者であることを公言した人が選挙によって公職に選ばれたのは、一九七七年にサンフランシスコ市議会議員に選出されたハーベイ・ミルクが初めてだった。

ヒッピーを担い手とする初期のカウンターカルチャーの中心地として、サンフランシスコはあらゆる

サンフランシスコでパレードを率いるハーベイ・ミルク。

革新的な、あるいは主流から外れた思想やライフスタイルの持ち主を招き寄せていた。ハーベイ・ミルクは寛容な社会で生きたいと望み、一九七二年にゲイの移住者の最初の波に加わって、ニューヨークから移住した。彼はサンフランシスコでもホモセクシュアルに対する根強い差別に直面して失望したが、差別を解消したいと考え、次第に地元の政治に関与するようになった。

ハーベイはサンフランシスコ市の市議会に相当する管理委員会に立候補し、一九七七年に三度目の立候補で一一人の委員会のメンバーのひとりに選出された。彼は自分の地区のために骨身を惜しまず働き、ゲイの権利のためだけでなく、すべての住民にとってよりよい条例を制定するために奮闘した。彼は犬の糞の始末から不動産開発業者の開発計画まで、住民の利益を代弁して精力的に活動した。

しかしミルクがもっとも注目を集めたのは、ゲイ・コミュニティのリーダーとしての活動だった。彼はゲイ解放運動の集会に引っ張りだこで、集会ではたいてい、「希望の演説」として知られる演説をした。ここで紹介するのは、ストーンウォール事件を記念して毎年六月二五日にサンフランシスコで開催されるゲイ・フリーダム・デーで、ハーベイが一九七八年に披露した演説である。

演説の冒頭で、ハーベイはゲイの権利への反対運動で有名なアニタ・ブライアントについて触れた。ブライアントは一九七七年にフロリダ州マイアミ・デイド郡で、性的指向に基づく差別禁止条例を撤回させることに成功していた。ゲイ・コミュニティにとって後退とみなされるこの出来事を、ハーベイはむしろ喜ぶべきことだと述べ、その理由をこのように語った。「『同性愛者』や『ゲイ』という言葉が、この国のすべての新聞、すべてのラジオ局、すべてのテレビ局、そしてすべての家庭で語られた。よかれ悪しかれ、誰もがそれを話題にした。ひとたび対話を始められれば、偏見を打ち砕くことができる」

彼はゲイと黒人の公民権運動を比較してこう話した。「今日では、黒人コミュニティはどんな友人がいるかではなく、どんな黒人議員や黒人指導者がいるかによって評価されている」。彼は自分が一九七七年に議員に選出されたのを喜び、もっと多くの同性愛者が公職に立候補するよう促した。「友人」、すなわちゲイ・コミュニティの支援者と、ゲイ自身には大きな違いがあると彼は言った。「友人たちはわれわれの怒りや不満を感じることができない。なぜなら彼らはカミングアウトと呼ばれる経験をしたことがないからだ」。カミングアウトしたゲイの人々は、しばしば救いようのない孤独を感じてきた。

マイアミ・デイド郡の差別禁止条例は、セクシュアリティ［性的指向や性自認］を理由とした差別を禁止するアメリカ初の法令だった。ブライアントの活動は、その法令が同性愛者に与えた希望を奪い去った。ミルクはなぜ希望が必要なのかを訴えた。マイアミ・デイド郡で差別禁止法が撤回され、サンフランシスコで数日前にゲイの男性が殺害された後、「私はキャンドルを手にして無言で立ち尽くす人々の間を歩きながら、彼らの顔に浮かぶ怒りと不満、悲しみと不満を見てきた。彼らは私の顔見知りの強い人々だ。しかし彼らでさえ希望が必要なのだ」

「君たちが彼らに希望を与えなければいけないんだ」とハーヴェイは訴えた。「よりよい世界への希望、よりよい明日への希望、家に居づらくなったときに身を寄せられるよりよい場所への希望。希望がなければ、ゲイだけでなく、黒人や老人、障害のある人たち――われわれみんなが諦めるしかなくなる。もっと多くのゲイを選出できれば、それは公民権を奪われたすべての人々にとって前進を促す青信号になる。君、君、そして君、君たちが彼らに希望を与えなければいけないんだ」

ハーベイ・ミルクが当選した市議会議員選挙で、初のアフリカ系アメリカ人女性、初の中国系アメリカ人、初のシングルマザーも議席を勝ち取った。公民権運動は数百万人に希望を与えた。しかし人種差別との戦いと同様に、ゲイの権利を求める戦いでも命が犠牲になった。一九七八年のゲイ・フリーダム・デーから五カ月後、ハーベイはダニエル・ホワイトという名の市議によって市庁舎で射殺された。ホワイトは伝統的な家族の価値を守るために活動し、ある施設の建築計画をめぐってミルクと対立していた。その夜、キャンドルを手にした人々が無言でサンフランシスコの道路を埋め尽くし、ハーベイ・

デイド郡の決定の後、私は怒りや不満を感じている人々の間を毎晩歩いて、彼らの顔を見てきた。サンフランシスコではゲイ・プライド・パレードの三日前に、ゲイという理由だけでひとりの男性が殺された。その夜、私はサンフランシスコ市庁舎で、悲しみに暮れ、不満を募らせた人々の間を歩き、夜が更けてからはカストロ・ストリートでキャンドルを手にして無言で立ち尽くし、彼らに希望を与える象徴となるものを必死に求める人たちの間を歩いた。彼らは強い人々だ。私が店や路上や集会で顔を合わせる人たち、そして以前に会ったことはないが、私が知っている人たち。彼らは強い人々だが、彼らでさえ希望が必要なのだ。

ペンシルベニア州アルトゥーナやミネソタ州リッチモンドで、ゲイの少年たちがカミングアウトしようと考えている。そのときアニタ・ブライアントの話をテレビで見たらどう思うだろう。彼らが頼りにできるのは希望しかない。君たちが彼らに希望を与えなければだめだ。よりよい世界への希望、よりよい明日への希望、家に居づらくなったときに身を寄せられるよりよい場所への希望。すべてはうまくいくという希望。

†

ミルクはゲイ・コミュニティの象徴となった。彼は人々に希望を与えたのである。

希望がなければ、ゲイだけでなく、黒人や老人、障害のある人たち——われわれみんなが諦めるしかなくなる。もっと多くのゲイを中央委員会やその他の公職に選出できれば、それは公民権を奪われたすべての人々にとって前進を促す青信号になる。諦めている国民の希望になる。ゲイの人間にそれができるなら、すべての人に向かって扉は開かれているからだ。ゲイが選出されるなら、それは青信号になる。君、君、そして君、君たちが彼らに希望を与えなければいけないんだ。ご清聴ありがとう。

——暗殺された年にサンフランシスコのゲイ・フリーダム・デーで行なわれた「希望の演説」

078
マーガレット・サッチャー

「このレディは方向転換などしません」——一九八〇年一〇月一〇日
"The lady's not for turning"

マーガレット・サッチャーは労働組合の力と戦い、運輸事業やエネルギー事業の民営化を推進して、イギリス政界に激しい意見の対立を引き起こした。首相としての任期前半に景気後退が深刻化し、与党の保守党内部にさえ、サッチャーのマネタリスト的手法の緩和と、政策の方向転換を希望する声が高まった。

保守党は労働党政権の野党の立場を五年ぶりに脱して政権に返り咲き、一九八〇年の年次党大会で、

「このレディは方向転換などしません(The lady's not for turning.)」は、1948年にロンドンのウエスト・エンドで初演されたクリストファー・フライによる有名な演劇のタイトル、『The Lady's Not For Burning.』のもじりだった。

政権回復から一七カ月が経過したことを祝った。保守党を政権奪回に導いたのは、イギリス初の女性首相の指導力だった(サッチャー自身はむしろイギリス初の化学の学位を持つ首相という経歴を誇りにしていた)。

景気後退が深刻化し、失業率が高まっていたにもかかわらず、サッチャーはインフレ抑制政策を曲げようとしなかった。その政策には益よりも害が多いと批判が集まり、サッチャーの前任者であるヒース元首相さえ同じ考えを示していた。政策の方向転換があるかもしれないという予測がイギリスのメディアを賑わし、党大会での首相演説に注目が集まった。

労働党大会から一週間後に開かれた保守党大会で、サッチャーは社会主義を内なる敵と位置づけ、現在の社会の病根は前政権にあると(新政権の常として)批判した。自分は経済的成功を妨げる法的な障害を取り除く政策を取ってきたとサッチャーは説明した。「繁栄は経済学者のごたいそうな会議からではなく、個人の自信と自立に基づく無数の行動によって生まれるのです」。この政府は烏合の衆のための政府ではなく、目標達成を目指す一人ひとりのための政府にしていくとサッチャーは言った。

サッチャーはそれまでに政府が実現した労働組合活動の制限を振り返った。その筆頭は、国有化された独占企業の解体だった。公営住宅の居住者に現在暮らしている住宅を購入する権利を与えたことにより、社会情勢の変化はいっそう進んだ。あいかわらず労働党が資本主義は死んだと言い続けているのに対し、サッチャーは、「これが資本主義の死だとすれば、上出来だと言わなければならない」と反論した。

規制緩和、政府の不干渉、規制のない自由企業こそが未来だとサッチャーは語った。しかしサッチャーの経済政策の要は、あらゆる犠牲を払ってインフレを抑制することだった。「インフレは侵略軍のように、確実に国家と社会を破壊します」

任期一年目に失業者は二〇〇万人に達した。サッチャーは懸念を表明したが、公共部門の労働者が享受する安定性は、公共部門を拡大する理由にはならないと述べた。むしろ民間との公平性を確保するために、公的資金を削減しなければならないとサッチャーは考えていた。「公共部門の人々はそれ以外の人々の失業を招かないように、政府支出に占める割合を抑える義務を民間部門に対して負っています」

サッチャーはこの問題について熱心に語った。公的部門が高い水準で賃金交渉に妥結すれば、民間企業から物資を購入する公的資金が減少する。「健全な社会を創造するのは国家ではありません」と彼女は語った。この考えは、サッチャーが数年後に「社会などというものはありません」[一九八七年に雑誌のインタビューで語った言葉」と断言したとき、いっそう明確になった。「健全な社会は公共機関によって創造されるものでもありません」

サッチャーは、「［公共支出の］締めつけを緩めるよう要求する」批判者に向かって、インフレを打破すれば失業も打破できると主張した。「メディアでもてはやされたキャッチフレーズの『方向転換（U-turn）』を、固唾を呑んで待ち構えている人たちに言うことはひとつしかありません。お望みなら、あなた方が方向転換（You turn）しなさい。このレディは方向転換などしません」

洒落を交えたこの発言はスタンディングオベーションを浴び、翌日の新聞で大々的に報道され、不屈の「鉄の女」というサッチャーのイメージをいっそう明確にした。

サッチャーは一期目に起きた一九八二年のフォークランド紛争で強い指導力を発揮した。選挙に大差で勝利して首相として二期目に入ると、一九八一年に計画した炭鉱閉鎖を阻んだ炭鉱労働組合に強硬な姿勢で対処し、敗北させた。しかしその後の三期目には欧州統合への反対姿勢や、反発の多い「人頭税」の導入をめぐって党内の支持を失い、辞任せざるを得なくなった。

†

健全な社会を創造するのは国家ではありません。国家が強力になりすぎると、国民は自分の価値がどんどん小さくなるのを感じます。国家は社会から富だけでなく、独創力、活力を奪い、最高の状態を維持するだけでなく、改良し、革新する意志をも奪います。私たちの目標は、国民にもっと自分たちの価値を実感させることです。

……健全な社会は公共機関によって創造されるものでもありません。軍隊が偉大な国家を作るわけではないのと同様に、偉大な学校や大学が偉大な国家を作るわけではありません。偉大な国家だけが偉大な機関を——学問、健康、科学的進歩を促進する機関を創造できます。そして偉大な国家とは、その国民の自発的な創造物であり、国民を構成するのは個人の男女です。自分が共同体にどんな貢献ができるかを知って、自分自身に誇りを持ち、結果的にその共同体を誇りにできる個人です。

わが国の国民が自分は偉大な国家の一部であると感じ、国家が偉大であり続ける手段を講じたいと望むなら、私たちは偉大な国家になり、偉大なままでいられるでしょう。では、その目標の達成を阻むものは何でしょうか？　何が私たちを妨げるのでしょうか？　不満の冬がふたたび訪れるという予想でしょうか。もしかしたらそうかもしれません。

しかし私たちは過去の経験から学び、徐々に、苦労しながら理解の秋にたどり着こうとしていると信じたいと思います。そしてその後に分別の冬が続くと期待しています。たとえその通りにならないとしても、私たちは決して進むべき道をそれてはいけません。

メディアでもてはやされたキャッチフレーズの『方向転換』を、固唾を呑んで待ち構えている人たちに言うことはひとつしかありません。お望みなら、あなた方が方向転換しなさい。このレディは方向転換などしません。

――「このレディは方向転換などしません」

079
ロナルド・レーガン

「この壁を取り壊しなさい!」——一九八七年六月一二日

"Tear down this wall!"

東西ベルリンは一九六一年に壁によって分断され、一九六三年にケネディ大統領の「イッヒ・ビン・アイン・ベルリナー(私はベルリン市民)」という宣言によって希望をかき立てられた。一九七〇年代と八〇年代を通じて、ベルリンは共産主義と資本主義の対立のシンボルだった。

ロナルド・レーガンのベルリン訪問は、一九八七年にヴェネチアで開催された先進国首脳会談の舞台裏であわただしく調整された。それまでレーガン大統領とソ連のミハイル・ゴルバチョフ書記長は良好な仕事上の関係を築いていた。その八カ月前にアイスランドのレイキャビクで開かれた首脳会談で、ゴルバチョフはソ連の新しい外交政策であるグラスノスチ（情報公開）とペレストロイカ（改革）について説明した。レイキャビクで話し合われた軍縮は、宇宙の軍事利用を進めるレーガンの戦略防衛構想（ＳＤＩ）をめぐる対立で行き詰まってしまったが、このふたりの指導者はお互いに強い尊敬の念と相互理解を深めていた。

レーガンのいわゆる「スター・ウォーズ計画」がひとつの原因となって、レーガンの西ベルリン訪問に反対する大規模なデモが発生した。西ベルリン警察は抗議活動が広がればレーガンの演説がかき消される恐れがあると判断し、市内の広範囲を立ち入り禁止区域に指定した。皮肉なことに、東ベルリンでも同様に警察が立ち入り禁止区域を設定したが、こちらはレーガンの演説が市民の耳に届かないようにするためだった。

1987年にブランデンブルク門の前で演説するロナルド・レーガン。ベルリンのもっとも有名な歴史的建造物であるこの門は、ベルリンの壁の東側にあった。

レーガンは東ドイツの国境警備隊がよく見えるブランデンブルク門の前に立ち、二重の透明防弾ガラスに守られて演説した。二四年前にこの都市を訪問し、市民の士気を高めたケネディ大統領の演説にならって、レーガンは数語のドイツ語を使ってこの都市独特の魅力を語った。「イッヒ・ハーブ・ノッホ・アイネン・コッフェル・イン・ベルリン（私はまだベルリンにスーツケースを置いてある）」。これは有名なドイツ人歌手マレーネ・ディートリヒが歌った歌の題名である。ベルリンの壁によってこの都市はふたつに分断されたが、レーガンは「エス・ギプト・ヌア・アイン・ベルリン（ベルリンはひとつしかない）」と訴えた。

レーガンは西ドイツと西ベルリンの戦後の経済復興を褒めたたえたが、それがアメリカのマーシャル・プランの援助によるものであると控えめに指摘することも忘れなかった。

ソ連のグラスノスチとペレストロイカに触れて、レーガンはソ連が政治犯の一部を釈放し、西側の放送をソ連国内で受信させないための電波妨害も停止されたと報告した。「それらはソビエト国家の根本的な変化の始まりでしょうか？　それともただの見せかけに過ぎないのでしょうか」と彼は問いかけ、こう続けた。「ここに、ソビエトが示すことのできる合図、誤解の余地のない、自由と平和の理念を劇的に前進させる合図がひとつあります」

レーガンはベルリンの壁が建設されて以来、東西の国境で閉ざされたままになっているブランデンブルク門を指し示した。「ゴルバチョフ書記長、あなたが平和を願い、ソビエト連邦と東欧の繁栄を願い、自由化を願うなら、この門のところまで来てください！　ミスター・ゴルバチョフ、門を開けなさい！　ミスター・ゴルバチョフ、この壁を取り壊しなさい！」

これほどまでに直接的な要求を演説に入れたのはスピーチライターのピーター・ロビンソンで、ホワイトハウスの廊下ではこの部分をめぐって激しい論争があった。大統領補佐官は、このような発言は「大統領にふさわしくない」し、反発を買う恐れがあると意見した。しかしレーガン大統領はそのまま入れておこうと主張した。心配されたとおり、ソビエトの国営通信社、タス通信は、「あからさまに挑発的で好戦的な演説」と批判した。ゴルバチョフ自身がどう反応したかは伝えられていない。

西側ではレーガンの発言は単なる受け狙いとみなされて聞き流された。しかし二年後の一九八九年に東ドイツが国境の検問を緩和し、ふたつに分かれた都市の東西間の行き来を許可した。ベルリン市民の中には二〇数年ぶりに親戚との再会が実現した者もいた。レーガンの演説は再評価され、記念すべき外交上の業績として称賛され、「グレート・コミュニケーター（偉大な伝達者）」というレーガンの評判はいっそう高まった。ベルリンの壁以外の場所でも東西ドイツの国境が通行可能となり、同じ年に東欧全体でほぼ無血の革命によって共産主義政権が倒れた。ベルリンの壁は最終的に一九九〇年に取り壊され、東西ドイツは統一されて、ひとつのベルリンを首都とするひとつの国になった。

†

一九五〇年代にフルシチョフは予言しました。「われわれはあなた方を葬りさるだろう」と。しかし今日西側では、人類史上かつてない繁栄と幸福を達成した自由世界を見ることができます。共産主義世界に見られるのは、失敗と技術の停滞、そして医療水準の低下です。もっとも基本的な物資すら不足しています。食料がまったく足りないのです。今日でさえソビエト連邦は、国民を養う食料を自給できません。四〇年の歳月を経て、全世界は大いなる避けがたい結論を目の当たりにしています。すなわち、自由が繁栄を導くということです。国々の間の古い憎悪を、自由が連帯と平和に置き換えるのです。自由こそが勝者です。

そして今、限られた範囲とはいえ、ソビエト自身が自由の重要性を理解し始めているようです。改革と開放の新しい政策に関する情報がモスクワから次々と耳に入ってきます。政治犯の一部が釈放されました。一定の外国の報道番組は、もう電波妨害を受けていません。国家の統制が緩和され、以前よりはるかに自由な経営を許されている企業もあります。

それらはソビエト国家の根本的な変化の始まりでしょうか？　それとも西側に誤った希望を抱かせるための、あるいはソビエトの制度を改革せずに強化する意図を持った、ただの見せかけに過ぎないのでしょうか？　私たちは改革と開放を歓迎します。なぜなら私たちは自由と安全保障は両立するものであり、人類の自由の進歩だけが世界平和の理念に力を与えられると信じているからです。ここに、ソビエトが示すことのできる合図、誤解の余地のない、自由と平和の理念を劇的に前進させる合図がひとつあります。

ゴルバチョフ書記長、あなたが平和を願い、ソビエト連邦と東欧の繁栄を願い、自由化を願うなら、この門のところまで来てください！　ミスター・ゴルバチョフ、門を開けなさい！　ミスター・ゴルバチョフ、この壁を取り壊しなさい！

——ブランデンブルク門での演説「この壁を取り壊しなさい！」

080
ネルソン・マンデラ

「私たちはあまりにも長い間自由を待ちわびてきた」――一九九〇年二月一一日

“We have waited too long for our freedom”

ネルソン・マンデラの釈放を想像できた者は、南アフリカではほとんど誰もいなかった。七一歳になったマンデラがビクター・フェルスター刑務所から出獄したのは、二〇世紀だけでなく、公民権の歴史に刻まれる記念すべき瞬間である。それはアパルトヘイトの終わりを象徴する光景だった。

南アフリカにまだテレビが存在しなかった一九六二年に投獄されて以来、ネルソン・マンデラは苛酷なロベン島刑務所に一八年間収監されていた。最初の独房にはベッドがなく、浴槽もトイレもなかった。彼は島内の石切り場で重労働を強いられた。抵抗運動とハンガーストライキによって待遇は徐々に改善され、マンデラは自由時間を使ってロンドン大学の通信課程で法学の学位を取るために、読書と勉強に励んだ。

一九八〇年代に国連の支援を受けて、「マンデラを自由に」のスローガンのもとで釈放を求める国際的な運動が始まった。南アフリカ政権の重要な支持者だったマーガレット・サッチャーとロナルド・レーガンは、あくまでもマンデラをテロリストとみなし、彼の釈放に反対した。ロベン島の若い受刑者に与える影響を恐れて、マンデラは一九八二年に本土の刑務所に移送された。一九八五年に南アフリカ大統領P・W・ボータがマンデラに条件つきの釈放を提示したが、マンデラは受け入れなかった。「アフリカ民族会議（ANC）の活動が禁止されたままで、私にどんな自由を与えようというのか？　自由な人間だけが交渉できる。囚人は契約を結ぶことができないのだ」

刑務所から釈放後にケープタウン市庁舎のバルコニーから最初の演説をするネルソン・マンデラ。

刑務所の外では南アフリカ全土に暴動が広がり、警察による激しい暴力の応酬があった。マンデラの七〇歳の誕生日には、本人が不在のままロンドンのウェンブリー・スタジアムで祝賀コンサートが開かれ、テレビを通じて二億人が視聴した。一九八九年にF・W・デクラークがボータの後任として大統領に就任した。ベルリンの壁が崩壊するのを見て、デクラークは政治が激変する世界ではもうアパルトヘイトは維持できないと判断した。ANCのメンバーは釈放され、活動が合法化された。そして一九九〇年二月一一日、マンデラはついに自由の身となり、ケープタウンまで六〇キロメートルの道のりを車で移動して、市庁舎のバルコニーから支持者や世界のメディアに語りかけた。

長い獄中生活を経ても、マンデラの信念は少しも揺らいでいなかった。彼はまず、ANCと南アフリカ共産党、そしてアパルトヘイトを撤廃するために命を落とした人々を称えた。そしてブラック・サッシュや南アフリカ全国学生連盟など、「南アフリカの白人の良心として行動した」白人組織に感謝を述べた。彼は労働者階級、若者たち、そしてすべての女性に敬意を表し、特に女性に対して、「あなた方は岩のように強固な私たちの戦いの基盤だ。アパルトヘイトは他の誰よりもあなた方に苦痛を与えた」とねぎらった。

マンデラは平和と安全を訴えたが、南アフリカ政府が武力による抑圧を続ける限り、武力闘争を放棄するつもりはないと明言した。一九六四年に収監されたときと同様に、「武力闘争を必要とする要因は今なお存在している」と彼は語った。「私はアフリカ民族会議の忠実で規律正しいメンバーであり、その目標と戦略、戦術のすべてに完全に同意している」。しかし彼は自分が獄中でANCを代表して政府と交渉したことは一度もなく、政府とANCが対話を始めるよう呼びかけただけであると述べた。民主主義の実現とアパルトヘイトの撤廃を訴えるにあたり、マンデラはデクラーク大統領を「誠実な人物であり……これまでの国民党大統領の誰よりも、状況を正常化するための具体的な方策を進めた」と称賛した。

しかし、やらなければならないことはまだ山積みだった。「私たちは、あまりにも長い間自由を待ちわびてきた」とマンデラは目の前の群衆と世界中に向けて語った。「もうこれ以上待つことはできない。今こそあらゆる戦線で闘争を強化しなければならない」。彼は二六年前の裁判で自分自身が語った言葉を最後に引用した。「私はあらゆる人々が協力し、平等な機会を与えられて共に生きられる民主的で自由な社会の理想を抱いてきた。私はその理想のために生き、達成したいと願っている。しかし必要とあれば、私はその理想のために死ぬ覚悟はできている」

マンデラが釈放された後も数年間は、黒人社会内部で血なまぐさい争乱が絶えなかった。マンデラが投獄されていた間も闘争を続け、違う形でアパルトヘイトを終わらせたいと望んでいた多くの黒人は、マンデラの慎重で穏やかなやり方に満足できなかった。しかし一九九四年に南アフリカは初めて完全に自由で民主的な総選挙を実施した。ANCが過半数を獲得し、ネルソン・マンデラはこの国で初めての黒人大統領に就任した。彼は全世界で民衆運動と忍耐、そして希望の力を象徴する存在となった。

私たちの闘争は決定的な時期にさしかかっている。民主主義に向かうプロセスが迅速で中断することがないように、この時期を逃してはならないとみなさんに呼びかけたい。私たちはあまりにも長い間自由を待ちわびてきた。もうこれ以上待つことはできない。今こそあらゆる戦線で闘争を強化しなければならない。今努力を緩めれば、これから何世代もの間、決して許されない過ちとなるだろう。地平線に姿を現した自由を見れば、これまで以上に努力する勇気が湧くはずだ。

私たちの勝利は規律ある民衆運動によってのみ実現できる。私たちは同胞の白人のみなさんにも、新しい南アフリカの形成に参加するよう呼びかけたい。自由を求める運動は、あなた方にとっても政治の原点だからだ。私たちは国際社会にも、アパルトヘイト体制を孤立させる運動を継続するよう呼びかけたい。今経済制裁を解除すれば、アパルトヘイトの完全な根絶に向かうプロセスを中断する危険を冒すことになるだろう。

私たちの自由への行進を後戻りさせることはできない。恐怖に道を阻まれてはならない。統一された民主的で人種差別のない南アフリカでの、共通の選挙人名簿に基づく普通選挙こそ、平和と人種間の協調を実現する唯一の方法なのだ。

最後に、一九六四年の裁判で私自身が述べた言葉を引用して結びの言葉としたい。当時と同様に、今日でもこの言葉が真実であることに何の変わりもないからだ。

私は白人の支配と闘い、黒人の支配と闘ってきた。私はあらゆる人々が協力し、平等な機会を与えられて共に生きられる民主的で自由な社会の理想を抱いてきた。私はその理想のために生き、達成したいと願っている。しかし必要とあれば、私はその理想のために死ぬ覚悟はできている。

——釈放直後の演説

081 ミハイル・ゴルバチョフ

辞任演説――一九九一年一二月二五日

Farewell Address

ソビエト連邦のあっけない崩壊は政治評論家たちを驚かせた。スターリン時代に生まれたゴルバチョフ大統領は、彼が知っている唯一の政治体制を改革するために全力を尽くした。しかし彼の権力基盤と連邦そのものが求心力を失うにつれて、ソビエト連邦八代目の、そして最後の指導者は、避けがたい終末を受け入れるしかなかった。

ミハイル・ゴルバチョフは一九一七年のロシア革命でソビエト連邦が成立した後に生まれた唯一のソ

連指導者である。前任者のコンスタンティン・チェルネンコより二〇歳も若かった。全体主義政府の枠内でしか思考できない人物という予想に反して、ゴルバチョフは比較的若かったし、革命を直接体験していないせいもあって、イデオロギーの枠組みに縛られない柔軟性があった。「官僚的指揮命令系統に縛られ、イデオロギーへの奉仕と軍拡競争の耐えがたい重荷を負わされて、社会は窒息しかかっている」、と彼はテレビ放送された最後の演説でソビエト連邦の人々に向けて語った。

ソビエト経済は、それを統制する政府の形態と同様に停滞していた。ゴルバチョフは自由化を進めることで、経済にも政府にも刺激を与えようとした。やり方を変えようとしない政府高官、たとえば外務大臣のグロムイコのような人物の首をすげ替え、中央集権的経済に重要な改革を導入した。国営の生産者が独自の生産目標を立てることを認め、民間部門を拡大した。「この国が成功し、繁栄する機会を長い間奪ってきた全体主義制度は廃止された」と彼は視聴者に向かって言った。

ゴルバチョフは報道と信仰の自由や複数政党制を奨励し、ソビエト連邦共産党(CPSU)の支配力を抑制した。しかし党内の伝統主義者からは強い反対にあった。「改革は低レベルの政治的詭弁や変化に対する恐れに阻まれた」と彼は言った。ソビエト連邦は未成熟で過保護であり、二〇世紀末の「成熟した」政府を持つにはまだ準備が足りなかった。「新しい制度が軌道に乗り始める前に、古い制度が崩壊してしまった」とゴルバチョフは語った。

さらに悪いことに、ゴルバチョフのペレストロイカ(改革)政策のもとで、経済は発展するどころか、逆に縮小してしまった。新しい自由化政策が促進したのは思想と表現の自由だけだった。東欧圏の国家は次々に独自の法律を制定し、ソビエト連邦から離脱し始めた。東西ドイツ間の国境が開放されると、鉄のカーテンの向こう側では独立志向と民族主義が急激に高まり、どれほど社会改革や経済改革を進めても、それらを押しとどめることはもはや不可能だった。

ソビエト連邦が収縮するにつれて、連邦政府の支配力はモスクワの外にほとんど届かなくなり、ソビエト連邦大統領ゴルバチョフとロシア共和国大統領エリツィンの対立は激しくなる一方だった。一九九一年八月にCPSUの強硬派が起こした反ゴルバチョフ・クーデターは、ゴルバチョフに決定的な打撃を与えた。ゴルバチョフはエリツィンによって救出されるまで、二日間軟禁状態に置かれた。クーデターは阻止されたが、この事件をきっかけにエリツィンの権力と影響力は一気に高まった。

CPSUは解体されて統制力を失い、ソビエト連邦を構成していた各共和国は新たな国

1991年に演説するミハイル・ゴルバチョフ。

家連合体として、独立国家共同体を創設した。ソビエト連邦は名ばかりの存在となった。「いくつかの過ちは避けることができたはずであり、もっとうまくやれたであろうことも数多くある」というゴルバチョフの告白は、もはや実質的に存在しない国家の大統領の言葉としてむなしく響いた。ゴルバチョフは一九九一年のクリスマスに辞任を宣言し、その翌日、ソビエト連邦は正式に消滅した。「私は不安を残したままこの地位を去る」とゴルバチョフは視聴者に告げた。「しかしわれわれは偉大な文明の後継者であり、その文明が新しく時代に即した適切な形に生まれ変わるかどうかは、われわれ一人ひとりにかかっている」

ソビエト連邦の崩壊以来、かつて連邦を構成していた共和国や衛星国家は資本主義世界に参入するために懸命な努力を続けてきたが、以前のような中央集権的経済の計画性を懐かしむ風潮も出始めている。ロシアはウラジミール・プーチンの指導のもとで復興を果たし、きわめて現代的に作り直された全体主義国家として、西側世界にこれまでにない影響力を広げている。ゴルバチョフはロシアの現状を強く批判し、ロシアでは「政治はますます民主主義のまがい物になり果て」、あらゆる権力が「行政機関の手に集中している」と指摘した。その状況はゴルバチョフが生まれた一九三〇年代初めと、多くの点で少しも変わっていないように見える。

†

ソビエト連邦大統領として最後の話をするにあたって、私は一九八六年以降にたどってきた道のりについて、私の所見を明らかにすることが必要だと考えている。事の真相について矛盾した意見や、表面的で客観的でない意見が数多く見られるからである。

運命の定めるところによって私が最高指導者になったとき、すでにこの国の状況がよくない方向に向かっているのは明らかだった。わが国にはあらゆるもの——土地、石油、天然ガスなどの天然資源——が豊富にあり、神はわれわれに知性と才能も授けてくださったが、われわれは先進国の国民に比べてはるかに劣った暮らしをし、その差はますます広がっている。

その理由は明白だ。官僚的指揮命令系統に縛られて、社会は窒息しかかっている。イデオロギーへの奉仕と軍拡競争の耐えがたい重荷を負わされて、社会はもう限界だというところまで追い詰められてきた。

部分的な改革の試みはすべて——相当な数の試みがなされたが——次々に挫折した。この国は方向を見失っていた。そのまま存続しつづけることは不可能だった。あらゆるものが抜本的に改革されなければならなかったのだ。

だから私はほんの数年「統治」するためだけに書記長の地位を利用しなかったことを、一度も後悔したことはない。そのような行ないは無責任で倫理に反していると私は思うだろう。

［結びの言葉］

これまでの年月に、公正で正しい目的のために私を支持してくれた方々に心から感謝したい。いくつかの過ちは避けることができたはずであり、もっとうまくやれたであろうことも数多くある。しかし遅かれ早かれわれわれの共通の努力が実を結び、わが国の国民が豊かで民主的な社会に生きられるようになることを私は確信している。

——ソビエト連邦の解体を告げる辞任演説

082
マヤ・アンジェロウ

「朝の鼓動に」――一九九三年一月二〇日
“On the Pulse of Morning”

マヤ・アンジェロウが子ども時代を過ごしたアーカンソー州スタンプは、後に次期大統領となるビル・クリントンの出身地、アーカンソー州ホープからわずか四〇キロメートルしか離れていなかった。クリントンは大統領就任式の計画を練りながら、式典に詩の朗読がほしいと考え、アンジェロウ以外の適役はいないと考えた。

アメリカ史上、大統領就任式の式典に詩人が参加したのは、三人の大統領のための五回の就任式だけだった。三人とも民主党の大統領で、最初のひとりはジョン・F・ケネディである。アメリカ建国から一八〇年以上たった一九六一年に、ロバート・フロストが自作の詩、『無条件の贈りもの(The Gift Outright)』をケネディのために朗読した。それから三二年後、ケネディから七代隔たったビル・クリントンがふたり目となった。

一九九〇年代に、アンジェロウはすでに作家としてよく知られていた。一九七一年に最初の自伝、『歌え、翔べない鳥たちよ』(矢島翠訳、青土社)を出版し

マヤ・アンジェロウ。彼女は「人はあなたが何を言ったか忘れてしまうでしょう……でもあなたが何を感じさせたかは決して忘れないものです」という有名な言葉を述べた。

て以来、自伝(一九九一年までに五冊、最終的に七冊の自伝を出した)と詩集を交互に出版し続けていた。アンジェロウは作家であると同時に、歌やダンスのパフォーマンスでも知られ、話し言葉と書き言葉を明確に区別していた。クリントンの就任式のために書かれた詩、『朝の鼓動に(On the Pulse of Morning)』は、朗読することを想定して書かれている。この詩には声を想起させる言葉――泣く、歌う、聞く、話す――がちりばめられている。アンジェロウがこの日のために選んだテーマは、新しい大統領の就任にふさわしく、希望と新生だった。

この詩には新たな始まりを求める気持ちが込められていた。アンジェロウはまず、化石について語った。「マストドンの印を、恐竜の印を、かつてこの地にいたという乾いた証を残した」。そして汚染された大地に触れて、汚水が「私の岸に廃棄物の帯を、私の胸にがらくたの波を残した」と歌った。新たな始まりを求めてアメリカに来たさまざまな国籍の移民たちについて語り、「売られ、略奪され、悪夢の世界に到着し、ひとつの夢が叶うようにと祈りながら」、無理やり連れてこられた奴隷たちについて語った。父祖の地を追われ、「血のにじむ足で歩かされた」アメリカ先住民についても語った。今ではそれらの人々はみな、アメリカで自由を手に入れた。

どれほど胸が痛もうと、
歴史は元に戻せない。しかし勇気をもって立ち向かえば

同じ歴史を繰り返す必要はない

この詩には、一行目から「岩、川、木」という暗喩が繰り返し使われている。それらの言葉にはアンジェロウと古いゴスペル音楽との結びつきがうかがえる。たとえばゴスペル音楽には、「私は顔を隠すために岩陰に入った。岩は『ここはお前の隠れる場所ではない！』と叫んだ」や、「川辺に重荷を下ろし、もう戦いに憂き身をやつすのはやめよう」という歌詞があるが、それらの歌はこの詩にも反映されている。岩は、大地、そしてアンジェロウが深く信じるキリスト教の神の永遠性を暗示している。川は人と時の浄化作用を表す。木は根を下ろし、大地と水に育まれて、旅人に憩いの場を与える。この三つは全体でアメリカを象徴している。

この晴れた日の鼓動に、
あなたは勇気をもって
顔を上げ、周囲を見回し、私の上に
岩と川と木を、あなたの国を見る

クリントンはこの詩を「アメリカへの永遠の贈りもの」と称えた。その明瞭なイメージとメッセージは好意的に受け止められた。この詩を話し言葉として捉えず、ただ紙の上で読んだだけの評論家は、高く評価しなかった。しかしマヤ・アンジェロウの評判は急上昇した。その後の一カ月間で、アンジェロウの著作はその前の一年間を上回る売れ行きを見せた。この詩は出版直後にベストセラーになり、アンジェロウ自身がこの詩を朗読したレコードはグラミー賞を獲得した。

ビル・クリントンは二期目の就任式に詩人のミラー・ウィリアムズを招き、オバマは詩人のエリザベス・アレクサンダーとリチャード・ブランコを、それぞれ一期目と二期目に招いた。マヤ・アンジェロウは大統領就任式で詩を朗読した最初の女性であり、最初の黒人でもあった。

083 クリス・パッテン

「イギリス的な特徴を備えた、まぎれもない中国の都市」――一九九七年六月三〇日

"A very Chinese city with British characteristics"

香港は一八四一年にイギリス植民地となった。一九九七年の中国への香港返還は、第二次世界大戦後に領土を次々と手放してきた大英帝国の終焉を象徴する出来事だった。よくも悪くも、ひとつの時代が終わりを告げた。

クリス・パッテンは香港最後のイギリス人総督として、最後の日を涙ながらに過ごしたと伝えられている。確かにその日の午後、香港のタマール英国海軍基地で駐留英軍を前に最後の演説をするとき、彼

は目に見えて悲しみに沈んでいた。演説の冒頭で、パッテンは次のように述べた。「今日という日は悲しみではなく祝賀のためにある。しかしどのような旅立ちにも言えることだが、個人としての悲しみは、おそらくあちこちに見受けられることだろう」

イギリスによるわずか一五〇年あまりの統治は、香港の歴史のほんの一部に過ぎないと彼は認めた。その始まりには「いくつかの出来事があったが、今となっては誰もそのために弁解する必要はないだろう」。中国によるアヘン貿易の取り締まりがイギリス商人に与えた損害に対する賠償の一部として、中国は一八四一年に香港島をイギリスに永久割譲した。

香港はイギリス船にとって広州［当時の中国の対外貿易の中心地］から目と鼻の先にある良港だった。イギリスは香港に近い中国本土の九龍半島南端まで植民地を拡大した。第二次世界大戦中、日本による一時的な占領期間に、香港の中国企業はイギリスの介入から解放されて発展した。

日本の降伏後、中国本土は内戦によって分裂

サッチャー内閣の大臣だったクリス・パッテンは、香港最後の総督として香港返還式典で演説した。

し、中華人民共和国が建国を宣言した。共産党の支配を歓迎しない中国人が香港に難民として流入し、パッテンは「現在香港で暮らしている人々の多くは、ほとんど誰も弁解できない今世紀の出来事が原因でそうしている」と指摘した。

しかし香港と中国の再統一を求める声は、国境の両側で高まった。イギリスは香港市民の参政権を拡大することによって返還を阻止しようとした。しかし中国が断固として香港を取り戻す意志を明らかにしたため、サッチャー首相は秩序ある返還を計画するために交渉を開始した。

西側世界がもっとも懸念したのは、繁栄する香港の資本主義経済が、その敵である共産主義のもとで継続を許されるかどうかだった。返還後五〇年間は香港の経済と政治の自由が保証されるという「一国二制度」と呼ばれる取り決めによって、返還交渉は決着した。パッテンの演説の大部分は、この点について香港市民を安心させ、中国官僚に釘を刺す意味があった。香港は「イギリス的な特徴を備えた、まぎれもない中国の都市」であり、そこで暮らす人々は「大切に思う価値観を守り抜き」、香港の価値観は「普遍的な価値観……世界の他の地域と同様に、アジアにおいても未来の価値観である」とパッテンは述べた。

パッテンは後年になって、イギリスがこれらの価値観を保証するためにもっと手を打たなかったことを悔やんだ。たとえば香港の返還と一国二制度を定めた一九八四年の中英共同声明が発表されるまで、香港に選挙は導入されなかった。返還から二〇年足らずのうちに、共同声明で保証されたはずの自由の多くが奪われ、反対意見は抑圧された。二〇一七年に政治批判的な書籍を中国に送った香港の書店長とその関係者が中国で逮捕されたとき、パッテンは、「われわれはジョシュア・ウォン[二〇一四年の雨傘運動の学生リーダー]とその世代に対して、彼らの親世代に対するよりもっと敬意を持ってふるまう大きな責任があると思う」と発言した。

香港駐留英軍に向けたパッテンの演説が終わった後、公式の返還式典ではチャールズ皇太子とイギリスの新しい首相、トニー・ブレアがイギリスを代表して儀式に臨んだ。午前〇時一分前にイギリス国歌『ゴッド・セーブ・ザ・クイーン』が演奏され、イギリス国旗が降ろされた。こうしてイギリスによる香港の統治は終わった。世界の人々がまだ眠りについている間に、時計が真夜中を告げると同時に北京の天安門広場では七時間の祝賀行事と花火が始まった。中国の新しい行政区となった香港では、中国の国歌『義勇軍行進曲』が奏でられる中で、中国国旗が掲揚された。中国人民解放軍を乗せた五〇〇台の車両は、すでにその三時間前に国境を越えていた。

†

今宵われわれが祝うのは、香港の成功物語を書き綴った人々の尽きない活力と勤勉さ、勇敢さである。そのほとんどが中国の男性たち、そして中国の女性たちだ。彼らは身ひとつでここに来たという意味では、ごく普通の人々だった。しかし彼らが困難を乗り越えて成し遂げたものを考えれば、並外れた人々なのである。

イギリスの統治が終了する今、わが国はここで、香港の人々が成功する足場を作ることに貢献したと言っても間違いではないと信じている。法による支配。公正で効率的な政府。自由社会の価値観。代議政治と民主的な説明責任。ここは中国の都市、イギリス的な特徴を備えた、まぎれもない中国の都市なのである。属領がこれほどまでに繁栄し、これほどまでに豊かな構造を持つ市民社会、職業、宗教、新聞、慈善事業、そしてこの上ない誠実さで公共の利益のために不変の努力を捧げる公務員とともに残された例はかつてなかった。

大切に思う価値観をこの地の人々が守り抜くならば、間違いなく香港の星は昇り続けるだろう。香港の価値観はまっとうなものだ。それは普遍的な価値観、世界の他の地域と同様に、アジアにおいても未来の価値観である。未来においては、もっとも幸福で豊かな共同体、そしてもっとも自信にあふれて安定した共同体とは、ここ香港で今日われわれがしているように、政治的自由と経済的自由を最善の方法で結びつけられる共同体ということになるだろう。

——中国への香港返還にあたって、「一国二制度」を確認する演説

084
チャールズ・スペンサー

「現代においてもっとも追い回された人」――一九九七年九月六日

"The most hunted person of the modern age"

ダイアナ元妃がパリで自動車事故によって亡くなったという知らせは、イギリスだけでなく世界を悲しみの渦に巻き込んだ。その死から六日後に執り行われた国民葬はテレビ中継され、弟のスペンサー伯爵が弔辞を読んだ。

ダイアナは伯爵令嬢レディ・ダイアナ・スペンサーとしてイギリス貴族の家系に生まれた。一九八一年二月にイギリス王位継承者であるウェールズ公チャールズとの婚約が発表されると、ダイアナは一躍世界の注目の的となった。世界でおよそ一〇億人が視聴した結婚式を終えて、ダイアナはプリンセス・

オブ・ウェールズとなった。ダイアナは世界中で人気が高く、不倫の噂や結婚生活の破綻、そして離婚についてマスコミから執拗な追及を受けながらも（あるいはそれゆえに）、その人気は衰えなかった。離婚後のダイアナはＨＩＶ感染者・エイズ患者への支援と、国際的な地雷撲滅活動に尽くしたことで知られている。

ウェストミンスター寺院で姉のために弔辞を読むスペンサー伯爵。弔辞が終わると、寺院の外に集まった群衆から自然と拍手喝采が沸き起こった。

一九九七年八月三一日の夕方、パリでダイアナが乗っていた車がパパラッチに追われて猛スピードで走行中に、アルマ橋下のトンネル内の壁に激突する事故を起こし、ダイアナは亡くなった。この事故でイギリス国籍を持つエジプト人実業家の息子で、ダイアナの恋人と噂されたドディ・アルファイドと、運転手のアンリ・ポールも死亡した。同乗していたボディガードだけがシートベルトをしていたため、重傷を負ったが、一命をとりとめた。この悲劇を知らされたエリザベス女王は、チャールズと離婚したダイアナは王室とは無関係だという理由であからさまに冷淡な態度を示し、王室と国民感情の間の溝がメディアで盛んに報道された。

葬儀の場で、スペンサー伯爵は明らかに感情を高ぶらせていたが、イギリス貴族らしく、唇を固く結んで厳粛な表情を崩さなかった。姉をしのぶ弔辞の中で、彼はダイアナを過去の結婚やウィンザー家の妃としての役割から切り離し、独立して国際的な活動に身を捧げた人物として描いた。「姉は世界中で無私の人間愛の象徴となり、虐げられた人々の権利の旗手となりました。国籍を超越した正真正銘のイギリス女性でした」

葬儀はダイアナが結婚式を挙げた教会で行なわれた。ダイアナの死に対する大衆と王室の反応の大きな隔たりを強調するように、スペンサー伯爵はあえて高ぶる感情のまま、ほんの数メートル先に列席している女王とその家族に事実上の批判ともとれる言葉をぶつけた。彼はダイアナ元妃をごく普通の人間として描き、国際的活動や慈善活動、人間性や精神的弱さを強調した。スペンサー伯爵はダイアナについて、「いつも不安を抱えていましたが、思いやり、義務、品格、美しさの真髄のような人でした。彼女に王室の称号は必要ありませんでした」と述べた。

弔辞が終わりにさしかかり、スペンサー伯爵はダイアナの公的な側面から、ふたつの家族の一員として、そして母としての私的な面に話を移した。彼はダイアナのふたりの息子、イギリス王位系継承者のウィリアムと弟のハリー［ヘンリー王子の通称］の叔父として、そして彼の「血縁」であるスペンサー家の一員だったダイアナの弟として語った。姉を王室の一員としての公的な人生からいっそう遠ざけるために、彼はダイアナが亡くなったとき、「ひとりの個人として人生を楽しみ、もっとも美しく、もっとも輝いていた」と述べた。

葬儀が終わった後、世界中のメディアは、女王とその息子のチャールズ皇太子に対する辛辣な批判をあおるものと、ダイアナを執拗に追い回したメディアがその死に責任があるかどうかを検証するものとに二分された。弔辞の中でスペンサー伯爵がダイアナを、「現代においてもっとも追い回される人」と述べたことが、彼女の悲劇的な最期の光景を決定的なものにした。パパラッチが無情に獲物を追い回す姿、パリの道路を疾走する取材の車、そしてアルマ橋下のトンネルで起きた衝突の衝撃が大衆の目にはっきり刻まれたのである。

†

ダイアナを取り巻く皮肉な出来事の中でも、最大の皮肉を忘れることはできません。古代の狩猟の女神の名を与えられた女性が、最後には現代においてもっとも追い回される人となったのです。

彼女は今、愛する息子たち、ウィリアムとハリーを同じ運命から守ってほしいと私たちに望んでいることでしょう。ダイアナ、私があなたに代わってその役目を果たします。あなたをたびたび絶望の涙に暮れさせた苦しみを、彼らに味わわせるようなことは決してしません。

それだけでなく、あなたの母や姉に代わって約束します。私たち血縁の家族は、あなたが想像力と愛情を注いで育ててきたこのふたりのすばらしい少年たちを、これからも同じように育てていくために努力を惜しみません。あなたが望んでいたように、彼らの魂が義務や伝統だけに縛られることなく、自由を謳歌できるように。

私たちはこのふたりが生まれながらに担っている伝統に心から敬意を払い、彼らが王室の一員として義務を果たすことをつねに尊重し、励ましていくつもりです。しかし私たちはあなたと同様に、彼らが人生のさまざまな面をできるかぎり経験し、これから待ち受ける年月に備えて精神的にも感情的にも豊かに成長してほしいと願ってやみません。あなたが私たちに望むことはそれ以外にないはずです。

ウィリアムとハリー。今日、私たちはみな君たちのことを心から案じている。自分の母親でさえない女性を失ったために、私たちはみな悲しみに打ちひしがれている。君たちの苦しみがどれほどのものか想像することさえできない。

最後に、この悲劇において神が私たちに示されたささやかな慈悲に感謝します。神はダイアナがひとりの個人として人生を楽しみ、もっとも美しく、もっとも輝いていたときに彼女を天に召されました。

何よりも私たちは、私が誇りをもって姉と呼ぶひとりの女性の人生に感謝を捧げます。独特で、複雑で、非凡で、かけがえのないダイアナ。その内面と外見の美しさは、永遠に私たちの心から消えることはないでしょう。

——ダイアナ妃の死を悼む弔辞

085 ビル・クリントン

「私は罪を犯しました」──一九九八年九月一一日

"I have sinned"

クリントン大統領が二期目に入った一年目に、ホワイトハウス実習生のモニカ・ルインスキーとの不倫疑惑が浮上した。この件や他の不適切な行為への告発に対して大統領があいまいな言い逃れをしたせいで、アメリカの大衆は反発し、徹底的な真実の追及と大統領の謝罪を要求する声が高まった。

一九九八年一月にビル・クリントンはモニカ・ルインスキーとの性的関係を否認したが、その主張は性行為の厳密で法的な定義を盾に取った言い逃れと受け取られた。八月に入って大統領はようやくルインスキーとの不適切な関係を認めたが、その告白は謝罪というより、自己正当化の面が強かった。彼は八月一七日にテレビ放送を通じて、「私の返答は法律的に正確でしたが、私は自発的に情報を提供しませんでした」とアメリカ国民に語った。

この告白をする前、クリントンは現職大統領として初めて自分の行為を調査する大陪審に召喚されて証言するという前代未聞の経験をしていた。クリントンは国民に対し、「私は確かにミズ・ルインスキーと不適切な関係を持ちました」と認め、「その女性と性的な関係を持ったことはありません」ときっぱり否認した一月の証言を覆した。しかしこのとき、大統領は自分の行為について詫びるより、プライバシーの権利や、政敵が彼を標的にして魔女狩りをしているという主張に力を入れた。

ビル・クリントンによる罪の告白は弾劾裁判を回避する効果はなかったが、パブリック・イメージの回復に貢献した。

大衆が見たかったのは、「スリック・ウィリー（ずる賢いビル）」という侮蔑的なあだ名を持つクリントンが恥じ入る姿だった。その二日後、ルインスキーの青いドレスに残された染みと照合するため、大統領がＤＮＡの提出を求められたことが明らかになった。クリントンは鑑定の結果がどうなるかわかっていたはずだ。そこで彼は自分の評判を守り、弾劾を免れてホワイトハウスに留まるために、自分が犯した罪をもっと謙虚に懺悔することに決めた。

三週間後の九月一一日に予定されていたホワイトハウス祈禱朝食会は、その絶好の機会だった。この年一回の催しには一〇〇人を超える司祭や牧師がホワイトハウスのイーストルームに招かれる。罪を告白するのにこれよりふさわしい相手がいるだろうか？　この日の朝、大統領がルインスキーとの関係を隠蔽するために偽証罪などの罪を犯したと結論づける報道が出た。青いドレスの染みという動かぬ証拠を突きつけられた上に、さらに追い詰められたクリントンには、すべてを話すよりほかに道はなかった。「証言後の最初の声明では、私は十分に悔い改めていませんでした」とクリントンは語り始めた。「私は罪を犯しましたという回りくどい方法があるとは思いません」。彼は八月には一切しなかったこと、すなわちすべての関係者――「まず何よりも大切な私の家族、そして友人、スタッフ、閣僚たち、モニカ・ルインスキーとその御家族、そしてアメリカ国民のみなさん」――への謝罪を口にした。

「打ち砕かれた霊〔『旧約聖書』詩編五一章一九節〕と、それでも強い心をもって、この身がより大きな善のために用いられる」のを望んでいると大統領は言った。ここでもクリントンは「プライバシーの境界が過度に、そして思慮のないやり方で侵害された」と述べたが、「今回の場合、それはむしろありがたいことだったかもしれません。なぜなら私が罪を犯したことに変わりはないからです」と語った。

演説の締めくくりに、クリントンはユダヤ教の祭日であるヨム・キプル［「贖罪の日」］。九月末から一〇月半ばの一日」で唱えられる祈りの一節を引用した。それは秋《フォール》という季節にも、彼自身の堕落《フォール》にもふさわしい内容だった。「変化のときが来た。葉は緑からオレンジ色に変わり始める。獣たちは冬に備えて食料を蓄え始める」。しかし人間は、自然の生き物に比べて変化が難しいとクリントンは言った。「変わるとは、すべてを最初からやり直すことだ。私が間違っていたと言うことだ。しかし変わらなければ、私たちは永遠に昨日のやり方に捕らわれたままだろう。神よ、私たちを変えてください。そして私たちをあなたのもとへ連れ戻してください」

祈禱朝食会において、クリントン大統領は確かに言うべきことをすべて言い、自分の罪といたらなさを、これ以上ない悔恨と謝罪をこめて告白した。彼があの手この手で自分の行為の言い逃れをしようとした後だけに、とうてい信用できないと感じた人もいた。しかしこの演説が報道されると、世論を好転させる一定の効果があった。そして何より重要なのは、これがヒラリー・クリントンとの結婚生活を救う手助けになったことだ。

クリントン大統領は一九九八年一二月に偽証と司法妨害の疑いで弾劾裁判にかけられた。弾劾訴追された大統領はアメリカ史上ふたり目である。上院で二一日間にわたって行なわれた裁判では、民主党議員に加えて野党の共和党議員からも罷免に反対する票が投じられ、大統領は偽証と司法妨害の両方について無罪が確定した。クリントンの疑惑を激しく追及した下院議長ニュート・ギングリッチ自身が、その当時ホワイトハウスのスタッフと不倫関係にあったという偽善者ぶりが発覚するなど、公職にある人物のプライバシーの権利には現在も激しい議論が闘わされている。

†

私は罪を犯しましたという回りくどい方法があるとは思いません。

私が感じている後悔は心からのものであるということを、傷ついたすべての方々にお伝えしなければなりません。まず何よりも大切な私の家族、そして友人、スタッフ、閣僚たち、モニカ・ルインスキーとその御家族、そしてアメリカ国民のみなさん。私はすべての方々に許しを請います。

しかし許されるためには、後悔以上のものが求められます。少なくともこのふたつがなくてはなりません。まず、心からの悔い改め——変わろうという決意と、みずからが招いた傷の修復です。私は深く悔い改めました。次に、聖書の教えにある「打ち砕かれた霊」です。それは私がこうありたいと思う人間になるためには神の助けがなくてはならないという理解であり、自分が求める許しを喜んで人に与える姿勢であり、判断を曇らせ、人々を言い訳や他人との比較、批判と不平に導くプライドと怒りを捨てることです。

では、私やみなさんにとって、これらはどんな意味を持つのでしょうか？　第一に、これから私は弁護士に対し、可能な限りあらゆる適切な論点を用いて強力な弁護の準備をするよう指示します。しかし私が過ちを犯したという事実を、法律用語によってあいまいにすることは許されません。第二に、私は責任を持って職務を担えるように、牧師による支えと、思いやりのある方々の助けを求めながら、悔い改めの道をたどり続けていきます。

第三に、私は打ち砕かれた霊と、それでも強い心をもって、この身がより大きな善のために用いられるのを願い、平和と自由、繁栄と協調に向かってわが国と世界を導くためにいっそう努力します。私たちには多くの祝福と多くの困難、そして果たすべき数多くの仕事があるからです。

——年一回のホワイトハウス祈禱朝食会の席で、「私は罪を犯しました」と謝罪した演説

086
トニー・ブレア

アイルランド議会での演説——一九九八年一一月二六日

Address to Irish Parliament

アイルランドとイギリスは一〇〇〇年も前から文化を共有してきたにもかかわらず、両国の政治的関係は緊張の連続だった。アイルランドは武力闘争の末に独立を勝ち取ったが、両国には強いわだかまりが残り、トニー・ブレアの代まで現職のイギリス首相がアイルランド議会で演説した例はなかった。

イギリスは数世紀にわたってアイルランドを不当に扱い、イギリスの法や慣習を強制して、抵抗する者は情け容赦なく弾圧した。

アイルランドは一九二一年にアイルランド独立戦争によってようやく独立し、ダブリンの政府による統治が始まった。しかしアイルランド北東部のアルスター地方はプロテスタントの住民が多く、大半がイギリスに残留を希望した。その結果、北アイルランドはアイルランドから離脱してイギリスを構成する四つのカントリーのひとつ（州と称される場合もある）となることが認められた。北アイルランドは海によって隔てられながら条約によってイギリスと連合し、地理と歴史によってアイルランド共和国と結びつきながら、国境によって分離された。

北アイルランドではイギリスとの連合維持を望むいわゆるロイヤリストと、アイルランド全体の再統一を希望するリパブリカンとの間に武力闘争が勃発し、大きな人的、経済的被害をもたらした。カトリックとプロテスタントの宗派間の争いは悲惨な消耗戦に発展し、一九九〇年代末には手詰まりの状態となったが、この時期に多数の政治組織や武装組織の指導者が交代したことがきっかけで、和平交渉が現実の可能性を帯びてきた。

各グループの強硬派が予想外の譲歩をしたことによって、一九九八年四月一〇日にベルファスト合意が成立した。この日は復活祭前のグッドフライデー（聖金曜日）だったため、聖金曜日合意とも呼ばれる。この合意文書にはイギリスとアイルランド双方の政府と、強硬派の民主ユニオニスト党を除く北アイルランドの全政党が署名した。この和平合意では、北アイルランド住民がイギリスに残留を希望するなら、北アイルランドをイギリスのひとつの地域として承認すること、しかし北アイルランド住民の大多数が希望するならアイルランド全体の再統一も認められることが確認された。この合意によって北アイルランドと南アイルランド、そして北アイルランドとイギリスの平和的話し合いの場として、新しい評議会が発足した。

長年にわたるロンドンからの直接統治を終えて、ベルファスト合意によって北アイルランドに新たな自治議会が樹立された。この議会は多数決原理ではなく、各政党内の多数派の同意に基づく議決を特徴としている。合意文書に署名してから三週間後、アイルランド首相バーティー・アハーンはアイルランド国民にこう語った。「イギリス政府は実質的に考慮すべき要素ではなくなった。この合意のもとでは、北と南の国民が同意すれば、イギリス議会もイギリス国民もアイルランド統一達成を妨げる権利はない」

イギリス首相トニー・ブレアがアイルランド議会

左から、アイルランド首相バーティー・アハーン、合意を取りまとめたアメリカ上院議員ジョージ・ミッチェル、そしてトニー・ブレア。

で演説するために招待されたのは、合意に達するために各方面がどれほど譲歩したかを象徴する出来事である。「人々が目的を遂行する手段は、武力から政治に代わろうとしています」とブレアは語った。この日、ブレアは難しい仕事を要求されていた。一方では両国の前向きな関係を強調する必要があり、もう一方ではお互いの歴史的対立を無視するわけにいかなかった。「私たちは歴史の囚人である必要はありません。今ではイギリスとアイルランドはふたつの近代国家であり、私たちは昔の敵意を許し、忘れようと努めることができます」。ブレアは許して忘れようという呼びかけを頑なに拒んできた北アイルランドの二つの勢力に対し、この合意は双方にとって勝利であると納得させる必要があった。「私は誰にも降伏せよと言うつもりはありません。全員で平和の勝利を宣言しようではありませんか」

実際その通りになった。北アイルランド議会の中には武装解除に反対する党があり、滑り出しは多少ぎこちなかった。本能的な疑心暗鬼によって、政治の正常化に向かう動きは遅れ、スコットランドのセント・アンドリュースで二度目の合意を結ぶ必要があった。しかしやがて、ユニオニスト［イギリス残留を主張する勢力］とリパブリカン［アイルランド共和国との統合を求める勢力］のそれぞれの指導者が、北アイルランド政府の日々の問題について協力している姿——ほとんど奇跡に等しい光景——をテレビで見ることが現実になった。アイルランド全島の統一を要求する武装組織アイルランド共和主義軍（IRA）は、二〇〇五年に正式に武器を廃棄した。それ以来、北アイルランドの人々の豊かさと生活の質は以前とは比べものにならないほど向上した。

イギリスのEU離脱は、南北アイルランド関係（アイルランド共和国はEUの熱心なメンバーである）、そして北アイルランド主要政党のアルスター・ユニオニスト党とイギリス本国との関係に新たな緊張を引き起こした。将来への新たな不安が北アイルランドで武力闘争の再燃を招いた。しかし北アイルランドを構成するアルスター地方の暮らしは、ベルファスト合意以前に比べて格段に豊かに、そして安全になった。一九九八年のグッドフライデーが、非常によい日《グッド》だったのは間違いない。

†

今こそすべての政党が公約を果たすときです。あなた方と北アイルランドが新たな協力の時代を開くために、南北評議会を設置する必要があります。この点については合意が近いと期待しています。新政府の諸機関を設置する必要があります。武力、そして武力行使の脅威を政治から永久に取り除く必要があります。武装解除を始める必要があります。

私は誰にも降伏せよと言うつもりはありません。全員で平和の勝利を宣言しようではありませんか。

ベルファストでもダブリンでも、人々は同じことを言っています。合意を成功させようと。

私の気持ちも彼らと同じです。私の切迫感と使命感の源は、北アイルランドの子どもたちです。武力闘争の犠牲になり、無差別で残虐なテロ行為によって人生を傷つけられ、ねじ曲げられた子どもたち、恐怖の中で育ち、親や愛する人たちを喪った子どもたちのことを考えています。

そして私は武力によって直接傷つけられていないとしても、やはり犠牲者であることに変わりない子どもたちのことを考えています。政治的合意が存在しないために、新たな友情を結ぶ機会を、新たな地平を奪われている子どもたちです。宗派に分かれて生きることは、他者からの孤立を招くからです。

私は憎むことを教えられる子どもたちの損失を考えています。子どもたちは考えることを教えられるべきだと心の底から信じているからです。

過去の不正、あるいは歴史の教訓から誰も目をそらすべきではありません。しかし私たちの間では、一方にとっての歴史が他方にとっては単なる作り話に過ぎないということが、あまりにも多くあります。私たちは歴史の囚人である必要はありません。

——ベルファスト合意の成立にあたって、イギリスの現職首相として初めてアイルランド議会で行なった演説

087 ジョージ・W・ブッシュ

全米に向けた演説——二〇〇一年九月一一日

Address to the Nation

二〇〇一年九月一一日のよく晴れて澄み切った朝、アルカイダの一九人のテロリストによって四機の旅客機が上空でハイジャックされた。その日の終わりまでにおよそ三〇〇〇人が死亡し、六〇〇〇人を超える人々が負傷した。アメリカ国民がこのときほど大統領による力強い励ましを一刻も早く必要としたときはなかった。

ニューヨークのマンハッタン島南端にそびえるワールドトレードセンターのツインタワーに、二機の飛行機が突っ込んだ。衝突後しばらくはビルが持ちこたえていたおかげで、多数の人々が火災から避難することができた。しかし二時間もたたないうちに二棟のビルは倒壊し、避難が間に合わなかった人々は亡くなり、周辺の多くの建物が破壊された。

三機目の飛行機はバージニア州アーリントンに近いアメリカ国防総省本庁舎のペンタゴンに激突し、建物の一部を破壊した。四機目はハイジャック犯を取り押さえようとした乗客とテロリストの間で戦いになり、標的にしたワシントンDCの米国議会議事堂に到達する前に、ペンシルベニア州郊外の草原に墜落した。電話の音声の記録から、飛行機の指揮権を乗客に奪還されそうになったハイジャック犯が、機体を地面に激突させたことが判明している。

国民に演説するジョージ・W・ブッシュ。

その日の朝、ジョージ・W・ブッシュ大統領はフロリダ州の小学校を訪問中だった。第一報は詳細がまだ不明で、最初の攻撃を恐ろしい事故が起きたと報告した。事実が明らかになると、ブッシュはまず全米でのテレビ放送用に短い声明を発表し、国民を守るためにあらゆる手段を講じていると述べた。

「アメリカは間違いなくこの卑劣な行為の責任者を見つけ出して処罰します」と彼は約束した。「今朝、正体不明の卑怯者によって自由そのものが攻撃を受けたのです」

ホワイトハウスに帰ってから、大統領はスピーチライターのチームを招集し、今度はもっと練り上げた演説の草稿を準備した。国民の父として、ブッシュはどんな言葉を使うかだけでなく、どんな口調で話すかも慎重に決める必要があった。その頃にはこの連続攻撃によって、平和時としてはアメリカ史上最悪の人命の損失がもたらされたことが明らかになった。ブッシュ大統領は数々の失言や言い間違いで知られていたが、アメリカ国民が彼に期待したのは、わかりやすく明確で、信頼に足る断固としたリーダーシップだった。

ブッシュ大統領は夜八時半から大統領執務室で国民に向けて演説し、全米のテレビ局は通常の番組を中止してこれを放送した。彼は四分あまりの演説で、簡潔かつ率直に語った。話し方は穏やかで、口調には威厳があった。しかし声からも表情からも、大統領が視聴者と同じ怒りと喪失感を味わっているのが伝わった。

彼は国民の「筆舌に尽くしがたい悲しみと、静かな、揺るぎない怒り」を共有した。その日の途方もない損失にもかかわらず、アメリカを恐怖で抑えつけようとする敵の攻撃は失敗したと述べ、「わが国は強力です」と語った。ワールドトレードセンターのツインタワーは崩壊したが、アメリカは明日にも仕事を再開するだろう。

来たるべきテロとの戦いを見据えて、彼は世界各国から支援と共感のメッセージを受け取ったと報告した。「われわれは一致団結してテロとの戦いに勝利します」と彼は宣言した。そしてアルカイダに同調する国々に対して、「われわれはこの行為を犯したテロリストと、彼らをかくまう者たちを区別しません」と断言した。

ブッシュは現場に駆けつけた人々の英雄的行為と、テロリストの「邪悪、人間性の最悪の部分」を対比させた。「偉大な国民が偉大な国を守るために立ち上がりました。……われわれはこの日を決して忘れません」

ブッシュの演説は高く評価された。何が言いたいのかわからないとしばしば嘲笑されてきた大統領が、アメリカのために明快に語ったのである。テロ攻撃後、ブッシュの支持率は九〇パーセントまで上昇した。アメリカは約束通り、テロの関係者を徹底的に捜索した。犯人の多くはグアンタナモ湾収容キャンプに投獄され、現在も収容されている。アルカイダの指導者オサマ・ビンラディンは二〇一一年にパキスタンの一軒家に潜伏しているところを発見され、殺害された。

†

今日、われわれの同胞である市民、われわれの生活様式、われわれの自由そのものが、一連の意図的で破壊的なテロリストの攻撃にさらされました。この大量殺戮行為はわが国を脅して混乱に陥れ、後退させる目的がありました。しかしその攻撃は失敗しました。わが国は強力です。

偉大な国民が偉大な国を守るために立ち上がりました。テロリストの攻撃はわが国最大の建物の基盤を揺るがすことはできても、アメリカという国家の基盤に指一本触れることはできません。彼らの攻撃は鋼鉄を打ち砕いても、鋼鉄のごときアメリカの不屈の精神を傷つけることはできません。アメリカが攻撃の標的となったのは、わが国が世界でもっとも明るく輝く自由と機会の灯台だからです。この光を消すことは誰にもできません。今日、わが国は邪悪を――人間性の最悪の部分を――目にし、アメリカの最善のものによってそれに応えました。救助隊員たちの勇敢さ、見知らぬ人たちへの思いやり、献血など、できることは何でもしようと集まった隣人たちがそれに応えたのです。

最初の攻撃を受けた直後に、私は政府の緊急対応計画を発動させました。わが国の軍隊は強力であり、準備は整っています。……政府の機能は滞りなく継続しています。ワシントンの連邦機関は、本日は避難する必要がありましたが、今夜には主要な人員が仕事を再開し、明日には業務を開始するでしょう。わが国の金融機関は盤石であり、アメリカ経済もビジネス活動を続けていくでしょう。

この卑劣な行為の背後に潜む者たちの捜索はすでに進められています。私は情報機関と法執行機関に全力を挙げてこの行為の責任者を見つけ出し、裁きにかけるよう指示しました。われわれはこの行為を犯したテロリストと、彼らをかくまう者たちを区別しません。

――同時多発テロ事件後に全米に向けた演説

088
オサマ・ビンラディン

アメリカ合衆国に対する演説——二〇〇四年一〇月二九日

Address to the United States

アルカイダが九月一一日にアメリカを攻撃した後、最重要指名手配犯リストの上位に名前があるオサマ・ビンラディンは、彼を捕らえようとするアメリカをしばしばあざ笑う態度を見せた。二〇〇四年にテレビ放送局アルジャジーラは、アメリカ国民に向けたビンラディンの長いビデオ・メッセージを放送した。その中で彼はついに自分が首謀者だと認める発言をした。

同時多発テロ事件以後、ビンラディンは二〇一一年に死亡するまでに、主としてアラビア語ニュース放送局アルジャジーラを通じて三〇本ものビデオや音声テープを公開した。事件からわずか四週間後の最初のテープで、ビンラディンは「アメリカは最大の弱点をアッラーに叩かれ、もっとも名高い建物を破壊された。ありがたいことだ」と喜びを見せたが、自分が首謀者だと認めるにはいたらなかった。当然ながらビンラディンはアラビア語で話しているため、敵意に満ちた言葉の応酬を英語に訳すとき、彼の有罪を証明しようとして意図的に翻訳が不正確になる場合もあった。

二〇〇四年のビデオにより、ビンラディンの有罪は疑いようがなくなった。時期的に後になるほど、「ビデオ」といっても大半はアルカイダ指導者の静止画像に音声を録音しただけのテープになったが、二〇〇四年のテープにはビンラディンの動く姿がはっきり撮影されていた。おそらく彼が空爆で負傷したという噂を否定するために撮影されたのだろう。テープの冒頭で、ビンラディンはこのように宣言してアメリカ人に衝撃を与えた。「アメリカ国民よ、これから私はあなた方のために、第二のマンハッタンを防ぐ理想的な方法について話すつもりだ」

ビデオ・メッセージに映るビンラディンの静止画像。

彼はこう主張した。一九八二年にアメリカの支援を受けたイスラエルがレバノンに侵攻し、「高層ビルが住民の上に崩れ落ち」、市民に犠牲が出るのを目撃するまで、「われわれにあの高層ビルを攻撃しようという考えはなかった」。「レバノンで破壊された高層ビルを見たとき、同じ方法で迫害者に罰を与えなければならないという考えが浮かんだのである」。アルカイダは一九九二年にイエメンの都市アデンでホテルを爆破［宿泊中のアメリカ海兵隊を標的にしたが、無関係の市民を殺害した］して以来、彼らのテロ行為によって罪のない市民が死亡しても、犠牲者は善良なイスラム教徒として天に召される恩恵を与えられ、異教徒はそれにふさわしい死を迎えて地獄へ落ちるのだと主張して、テロ行為を正当化し続けてきた。

ビンラディンは一九九〇年代に西側のジャーナリストとのインタビューを通じてアメリカに何度も警告したが、「驕り高ぶり、富をむさぼることにしか興味のない傲慢で強欲な」指導者たちは聞く耳を持たなかったと主張した。アメリカは「軍需、石油、そして復興産業のさまざまな会社に仕事を与えるために」戦争をしていると彼は言った。同時多発テロ事件におけるアルカイダ側の出費はわずか五〇万ドルだったが、アメリカは五〇〇〇億ドルの支出を余儀なくされた。ビンラディンはアルカイダのテロ攻撃についてこう述べた。「したがってわれわれはアメリカが破産するまで血を流させるこのやり方を続ける。真の敗者はアメリカ国民とその経済だ」

彼はジョージ・W・ブッシュ大統領がマイアミの小学校を訪問中に、次の攻撃があるかもしれないと知りながらワールドトレードセンターにいた人々を見殺しにしたと嘲笑した。「女の子にヤギの頭突きの話[ブッシュ大統領は二機目の飛行機の突入を知らされたとき、『The Pet Goat（ペットのヤギ）』という本の朗読を聞いていた]をする方が、飛行機が摩天楼に突入したことより重要だったのだろう。ブッシュの手はわれわれとあなた方の両方の血で汚れている。それはすべて石油のためだ」

このビデオはアメリカ大統領選の四日前に公開された。これを見れば、ブッシュはどんな犠牲を払ってもアルカイダを追い詰める決意をいっそう固めるはずだから、ブッシュを再選させるのがビンラディンの目的だったのではないかと言われている。ブッシュの対立候補だった民主党のジョン・ケリーは、過去にアメリカの海外派兵に断固反対を表明していた。このビデオが流れた直後に世論調査でブッシュの支持率は六パーセント上昇し、彼は選挙人団と一般投票の両方で大差をつけて当選した。

公開されたビデオのうち、ビンラディンの映像と確認されたのはこれが最後だった。二〇〇七年のテープには動く姿を映した短い映像が含まれていたが、それは古い映像ではないかと疑われた。その後はビンラディンの生存を伝える証拠は静止画像だけになったが、アメリカは血眼になって捜索を続け、ビンラディンは一時地下室に身を隠した。

最後にビンラディンはパキスタンに逃れ、パキスタン陸軍士官学校の近くに要塞化した邸宅を建設した。二〇一一年五月二日にアメリカ海軍特殊部隊SEALsが潜伏していたビンラディンを発見し、殺害した。その知らせをアメリカ国民に発表したのはオバマ大統領だった。大統領は夜遅くにビンラディン殺害を公表し、「アルカイダのテロによって愛する家族を失った人々に、正義が達成された」と述べた。

†

あなた方に言っておくが、われわれにあの高層ビルを攻撃しようという考えはなかったのを、アッラーはご存じだ。しかしアメリカとイスラエルが手を組み、パレスチナとレバノンのわが同胞を抑圧し、暴虐の限りを尽くす耐え難い光景を見て、その考えが頭に浮かんだのである。

私の魂を直に揺さぶったこの出来事は、イスラエルがレバノンに侵攻するのをアメリカが許し、アメリカ第六艦隊がそれを支援した一九八二年に始まった。爆撃が始まり、大勢の死傷者が出て、恐怖にかられて町から逃げ出す者もいた。

あの痛ましい光景を、血とちぎれた手足を、いたるところに横たわる女や子どもたちを私は忘れることができない。住宅は住人もろとも破壊され、高層ビルが住民の上に崩れ落ち、ロケット弾が情け容赦なくわれわれの故郷に降り注いだ。

その状況はまるでワニが無力な子どもに、泣き叫ぶ以外何の力もない子どもに出会ったときのようだった。このワニは武力を交えない対話を理解するのか？ そして世界はそれを見たし、聞きもしたが、何もしようとしなかった。

その耐えがたい瞬間に、多くの筆舌に尽くしがたい思いが私の心にあふれてきたが、最後にはこの暴虐を決して許してはならないという強烈な感情が生まれた。そして抑圧者に罰をあたえるべきだという強い決心が芽生えた。

レバノンで破壊された高層ビルを見たとき、同じ方法で迫害者に罰を与えなければならないという考えが浮かんだのである。われわれが味わった思いをいくらかでも奴らに味わわせ、わが同胞の女性や子どもたちを殺すのを思いとどまらせるために、アメリカで高層ビルを破壊しなければならないと考えた。

――オサマ・ビンラディンの演説(公開されたビデオ映像による)

089
バラク・オバマ

民主党全国大会基調演説――二〇〇四年七月二七日
Keynote Address at the Democratic National Convention

二〇〇四年三月に、民主党のイリノイ州選出上院議員候補の指名を争う予備選挙があった。そこでひとりの候補が大差をつけて勝ち抜くと、民主党全体に興奮が広がった。党の役員とメディアは若干四二歳のこの若い黒人政治家に注目し、彼は一躍期待の星となった。そのわずか四カ月後、バラク・オバマは二〇〇四年の民主党全国大会で基調演説の大役を任された。

次の大統領選で現職のジョージ・W・ブッシュに対抗する民主党の大統領候補はジョン・ケリーだっ

た。本来なら基調演説をするのは彼のはずだったが、党役員の同意のもと、彼はその晴れがましい役割をオバマに譲った。それは完全に無私の行為というわけではなかった。民主党はオバマの政治的才能を評価しており、オバマの演説が好意的に受け止められれば、彼が将来前例のない黒人大統領候補になる可能性があった。そういう候補が指名されれば、メディアがこぞって注目し、民主党に人種や階級の派閥を超えた支持を集められるはずである。民主党全国大会がオバマを支持するなら、アメリカの政治情勢は大きく変わるだろうと期待された。

オバマにはたくさんの強みがあった。ハンサムで、理路整然とした話し方ができ、明晰な思考の持ち主だった。演壇に立っても、記者会見の席でも、あるいはホテルのロビーで即席のインタビューを受け

民主党全国大会第2夜に、ボストンのフリートセンターで基調演説をするバラク・オバマ。

ても、つねに自信と余裕があった。メディアに対して友好的で、カリスマ性があり、若き日のジョン・F・ケネディを思わせた。政治家に必要な資質を絶妙に兼ね備えた存在だった。

大会当日、オバマは党の重鎮を前に演説の予行演習をした。党派を超えてアメリカの一致団結を訴える山場の部分で、彼は「赤い［共和党支持の］州も青い［民主党支持の］州もありません。われわれはみなアメリカ人であり、赤と白と青の星条旗のもとで団結しています」と語った。そこでジョン・ケリーの補佐官のひとりが口をはさみ、その部分は後から行なわれるケリーの指名受諾演説と似ているから削除した方がいいと言った。

宿泊先のホテルに帰る途中、オバマは激しい怒りをこらえていた。彼はこの基調演説が政治家として成功するためのきわめて重要な機会だと自覚していた。それなのに自分の最高の文章をケリーに横取りされたような気分だった。しかしオバマが書き換えた文章は、さらに力強く、いっそう包括的な内容になったと言える。書き換えた演説の中で、彼はこう語った。「評論家の方々は、共和党を支持するのは赤い州、民主党を支持するのは青い州と色分けし、私たちの国を赤い州と青い州に切り刻むのを好みます。しかし私にも彼らに教えたいことがあります。私たちは青い州でも偉大な神を敬い、赤い州でも連邦職員が図書館に介入するのを好みません。私たちは青い州でもリトルリーグのコーチをするし、赤い州にもゲイの友人たちがいます」

元の文章が削除されても、バラク・オバマの演説は「赤いアメリカも青いアメリカもない」という宣言として知られるようになった。大統領候補に指名される一年前の二〇〇七年に、オバマはCNNのインタビューで質問に答える前置きとして、「私が二〇〇四年に、赤い州も青い州もない、あるのは各州が団結して創り上げたアメリカ合衆国だと述べたとき」と言った。こうしてオバマ自身が、あらためてそれを自分の言葉として語ったのである。

二〇〇四年の基調演説で、彼は自分自身とアメリカが祖先から受け継いだ遺産について語り、自分を例に挙げて、大望を抱く人間が夢を叶えられるアメリカを称えた。オバマは人種や階級の融和の見本のような存在だった。彼はそのテーマの延長上で、「リベラルなアメリカや保守的なアメリカがあるのではない。あるのはひとつの国、アメリカ合衆国です。私たちは全員が星条旗に忠誠を誓ったひとつの国民なのです」と述べた。

この演説は党大会に出席した代議員に高く評価された。全国放送で生中継されたわけではないが、そのニュースは口コミで広まった。まもなく映像がテレビで流れるようになり、演説の書き起こしが出版された。団結と希望を訴えるオバマの清々しさは、イラクでの戦争のためにまたもや海外派兵をめぐる意見の対立で分裂するアメリカにとって、明るいニュースだった。

ジョン・ケリーの指名受諾演説には、「私たちが赤い州と青い州に分かれていると見る人がいるかもしれません。しかし私には赤と白と青の星条旗のもと、ひとつのアメリカが見えます」という文章があった。同時多発テロ事件後の愛国的な空気の中で、ブッシュの支持率は依然として高く、ケリーはその年末の大統領選で敗北した。民主党員にとって、次なる希望が誰なのかは明白だった。二〇〇四年の民主党大会の演説に背中を押されて、オバマはわずか四年後にホワイトハウス入りを果たした。

†

評論家の方々は、共和党を支持するのは赤い州、民主党を支持するのは青い州と色分けし、私たちの国を赤い州と青い州に切り刻むのを好みます。しかし私にも彼らに教えたいことがあります。

私たちは青い州でも偉大な神を敬い、赤い州でも連邦職員が図書館に介入するのを好みません。私たちは青い州でもリトルリーグのコーチをするし、赤い州にもゲイの友人たちがいます。イラクでの戦争に反対する愛国者もいれば、賛成する愛国者もいます。私たちは全員が星条旗に忠誠を誓い、全員がアメリカ合衆国を防衛しているひとつの国民なのです。突き詰めれば今度の選挙の目的はひとつしかありません。悲観主義の政治なのか、希望の政治なのか、どちらに参加するかの選択です。

私が言う希望とは、やみくもな楽観主義ではありません。その話題を避けていれば失業がなくなると考え、無視していれば医療危機が勝手に解消すると思うような、そんな意固地な無知とは違います。私が話しているのはそんなものではなく、もっと実質的な希望です。

それは火を囲んで自由の歌を歌っていた奴隷たちの希望です。遠い海岸を目指して船出した移民たちの希望です。メコン川流域の警戒に当たっていた勇敢な若い海軍中尉の希望です。工場労働者の息子が不利な条件を克服しようとする希望です。風変わりな名前を持ったやせっぽちの子どもが、アメリカにはきっと自分の居場所があるはずだと信じる希望です。

困難を乗り越えるための希望であり、不安に負けないための希望です。大胆なまでに勇気あふれる希望なのです！


——オバマを全国的に有名にした「赤いアメリカも青いアメリカもない」演説

090
スティーブ・ジョブズ

「今日、アップルは電話を再発明する」——二〇〇七年一月九日

"Today Apple is going to reinvent the phone"

マックワールドは一九八七年から二〇一四年まで、毎年一月にサンフランシスコで開催されたアップル製品の展示会である。一九九七年以来、このイベントのハイライトはアップル共同設立者のスティーブ・ジョブズによる基調講演だった。彼はこの機会を利用して、最新技術や新製品を発表してきた。

アップルを設立したスティーブ・ジョブズとスティーブ・ウォズニアックは、数々の革新的パーソナ

ルコンピューター・デバイスを開発して、彼らの技術的ひらめきや市場知識を証明してきた。ジョブズは二〇〇七年にマックワールドの基調講演で次のように述べた。「たまにすべてを変えてしまうような革命的な製品が現れることがある。……アップルはとても幸運だった。そういう製品をいくつか世に出すことができた」

最初のアップル・コンピューターを発売して以来、グラフィカルユーザーインターフェースを経てiMacを売り出すまで、そして革新的なレーザープリンターを発売してからiPodで世界市場を制覇するまで――二〇〇七年にiPodはＭＰ３プレイヤー市場の六〇パーセント以上を占めた――アップルはつねにパイオニアだった。ジョブズはアップルから追放されていた一九八五年から一九九七年までの一二年間に、ピクサーを買収し、世界初のフルＣＧアニメーション作品『トイストーリー』を発表して、コンピューターによる映像制作の世界にも一大変革をもたらした。

アップルの経営者に返り咲いたジョブズは、ユーザーの視点で製品の使い勝手を見なおすことによって、新しい技術を開発し続けた。市場の需要と要求を理解するこの能力のおかげで、ジョブズはプレゼンテーションにおいても一流の才能を発揮した。彼のマックワールド基調講演《キーノート》は、ときにはスティーブノートとも呼ばれ、このイベントの見逃せない目玉となった。基調講演が注目を集めたのは、アップルの最新技術がお披露目されるからだけでなく、ジョブズがそれを観客に披露するのを明らかに楽しんでいるからだった。

二〇〇七年のマックワールドでは、ジョブズは新しいアップルTV［インターネット・コンテンツをテレビで視聴するための端末］の使いやすさを嬉々としてデモンストレーションし、iPodはマイクロソフト社の携帯音楽プレイヤーZune［日本では未発売］よりはるかに普及していると上機嫌で語った。しかしそれらはすべて、これから発表するニュースの前座に過ぎなかった。講演開始から三〇分たったとき、ジョブズは「二年半待ち望んでいた日がとうとうやってきた」と打ち明けた。「さて、今日は三つの画期的な製品を紹介しよう」

ジョブズはひとつずつ紹介した――タッチ操作可能な大画面のiPod、革命的な携帯電話、そして飛躍的に進歩したインターネット通信デバイス。iPod、携帯電話、インターネット通信デバイス、と彼は何度か繰り返し、ついに言った。「もうわかったかな？　これらは三つの別々のデバイスじゃない。これはひとつのデバイスで、私たちはiPhoneと名づけた。今日、アップルは電話を再発明する。

トレードマークの黒いタートルネックとジーンズを着て未来の予想をプレゼンテーションするスティーブ・ジョブズ。

これがそうだ」

ジョブズには情報をわかりやすく伝える教師の腕が備わっていた。最初に、これから何を教えるつもりかを伝える。次にその情報を教える。最後に、教えた内容をもう一度繰り返す。ジョブズはそれから一時間かけて、自分が手にしたiPhoneとリンクさせた巨大スクリーンを活用しながら、その新しいデバイスの性能を興奮気味に披露した。「スマートフォン」という言葉はすでにあったが、ジョブズがライバル社のモトローラやブラックベリーなどの名を挙げて観客に指摘したとおり、それらは決してスマートでもなければ、使いやすくもなかった。

対照的に、iPhoneのフィンガータッチ技術(「世界一優秀なポインティングデバイスがあるんだから、タッチペンなんかいらない」)、大画面(「アップル史上最高の解像度」)、そしてコンテンツをユーザーのコンピューターと同期できる機能は、直感的でわかりやすかった。事前に打ち合わせたアップルのスタッフとのやり取りを通じて、ジョブズはiPhoneの電話機能、テキストメッセージやeメール送信機能、音楽やビデオの容量や音質と画質、そしてグーグルマップなど便利なアプリの能力を実演して見せた。

「この数年間、私たちはこれを開発するために夢中で取り組んできた」、とジョブズは明らかなプライドをにじませて言った。「私たちはiPhoneに採用されたすべての発明のために二〇〇を超える特許を申請済みで、それらを保護するつもりだ。みんなが携帯電話を見る目はこれからすっかり変わるだろう」

スマートフォンが完全に日常生活の一部となった今、iPhoneがどれだけ革新的だったかはつい忘れがちだ。現在のiPhoneは一一世代目で、類似品は数多く出ているが、iPhoneが今でも市場をリードしているのは衆目の一致するところだ。アップルのアップストアにはおよそ二五〇万種類ものiPhone用アプリがある。二〇〇七年にスティーブ・ジョブズが自慢げに言った言葉は、まさに未来を予見していた。「iPhoneを持つのはポケットに人生を詰め込むようなものだ。これこそ究極のデジタルデバイスだ」

†

二年半待ち望んでいた日がとうとうやってきた。

たまにすべてを変えてしまうような革命的な製品が現れることがある。そしてアップルは——というよりも人は、生涯にひとつでもそんな製品を作り出すことができたら、すごく運がいい。

アップルはとても幸運だった。そういう製品をいくつか世に出すことができた。一九八四年に私たちはマッキントッシュを発売した。それはただアップルを変えただけじゃなくて、コンピューター産業全体を変えた。二〇〇一年には最初のiPodを発売した。それはただ——それはただ音楽を聴く方法を変えただけじゃない。音楽産業全体を変えたんだ。

さて、今日はそれに匹敵する三つの画期的な製品を紹介しよう。ひとつ目はタッチ操作可能な大画面のiPod。ふたつ目は革命的な携帯電話。三つ目は飛躍的に進歩したインターネット通信デバイスだ。

タッチ操作可能な大画面のiPod、革命的な携帯電話、飛躍的に進歩したインターネット通信デバイス。これがその三つだ。iPod、携帯電話、インターネット通信デバイス。iPod、携帯電話……もうわかったかな？　これらは三つの別々のデバイスじゃない。これはひとつのデバイスで、私たちはiPhoneと名づけた。今日、今日アップルは電話を再発明する。これがそうだ。

……私が好きなプロアイスホッケー選手のウェイン・グレツキーの名言を紹介しよう。「僕はパックがこれから来る場所に滑っていくんだ。それまであった場所じゃなくて」。アップルはつねにそうしようと努力してきた。

——初代iPhoneを披露するマックワールド基調演説

091 ビル・ゲイツ

ハーバード大学卒業式の式辞——二〇〇七年六月七日

Commencement Address at Harvard

ビル・ゲイツはマイクロソフト社のソフトウェアを世界中に販売して目を見張るような成功を手にし、世界一の大富豪になった。彼は妻のメリンダとともに慈善事業を通じてその富を分かち合う活動を始め、ハーバード大学卒業式の式辞で、彼が発案したギビング・プレッジ［寄付誓約宣言］の精神について説明した。

ハーバード大学の学生新聞が評するとおり、ビル・ゲイツは「もっとも成功したハーバード大学中退者」である。彼は大学在学中に高校時代からの友人ポール・アレンとともにマイクロソフトを創業し、その二年後にハーバードをやめた。二〇〇七年に名誉学位を授与された後、ゲイツは学業を最後までやり遂げた卒業生たちに式辞を述べた。「私は来年転職する予定なので、ようやく履歴書に大卒と記入できるのをうれしく思います」と彼は冗談を言った。

一九七五年の創業以来、マイクロソフトは急成長した。最初は世界初のパーソナルコンピューターと言われるMITS社のアルテア用の製品を開発し、続いてIBMのパーソナルコンピューター用オペレーティングシステムMS–DOSOSを開発した。一九八五年にはオペレーティングシステムWindowsを発売した。ゲイツは一九八〇年代末に完全に経営者の役割に専念するまで、自分でプログラムを書いていた。

Windowsは、最盛期には全パーソナルコンピューター(PC)の九〇パーセント以上に搭載されていた。Windowsの成功はマイクロソフトの積極的な保護戦略によるもので、多くのユーザーはWindowsを採用する以外に選択肢がなくなった。一九九八年にマイクロソフトは反トラスト法に基づいて提訴され、違反が認定された。タブレットやスマートフォン市場は現在グーグルのオペレーティングシステム(OS)であるアンドロイドが制覇しているが、Windowsは現在もPC用のOSとしてもっとも標準的に採用されている。そのおかげでゲイツはとてつもない資産家となった。

ハーバード大学卒業式の式辞で、ビル・ゲイツは慈善事業をテーマに語った。「私は世界に存在するひどい不平等にまったく気づかないままハーバードを去ってしまいました」と彼は言った。「不平等に気づくのに何十年もかかりました。みなさんがひとつの大義のために一週間に数時間、ひと月に数ドル寄付できると想像してみてください。それをどこに使いますか？［妻の］メリンダと私にとっても問題は同じです。私たちが持っている資産を使って、どうすれば最大多数に最大の利益をもたらすことができるでしょうか？」

ゲイツが式辞の冒頭に述べた新しい仕事とは、企業経営者からフルタイムの慈善活動家への転身だった。「人類の最大の進歩は、何を発見したかではありません」と、ＰＣの普及を通じて世界を改革した男は言った。「民主主義、効果的な公教育、すぐれた医療制度、広範囲な経済的機会によって不平等を減らすことこそ、人類最大の功績です」。世界で何百万人もの人々を簡単に死から救えるにもかかわらず、その人たちが犠牲になるのは、彼らが「市場で力がなく、支配体制の中で発言権が

2007年6月7日、マサチューセッツ州ケンブリッジでハーバード大学卒業式の式辞を述べる準備をするビル・ゲイツ。

ないからです。しかし私や皆さんはそれを両方とも持っています」と彼は学生たちに説いた。

ほとんどの人は防げる死に関心がないわけではないとゲイツは信じていた。そこで彼は、関心が行動に変わるプロセスをこのように分析した――「問題を検討し、解決法を検討し、その影響を検討する」ことだ。ＰＣはこのプロセスを支援し、「同じ問題に協力して取り組む優秀な頭脳の持ち主」を劇的に増やした。

役員会に厳しい要求を出すことで知られるゲイツは、ハーバード大学の知的指導者たちに率直な疑問をぶつけた。「私たちの最高の知性を、私たちの最大の問題を解決するために捧げるべきだろうか？……世界でもっとも恵まれている人々は、もっとも恵まれない人々について学ぶべきだろうか？　これらは答えのいらない形だけの問いではありません。どのような方針で大学を運営するかによって、あなた方はこれらの問いに答えるのです」。彼はその場にいる全員に、彼らが何も知らずに享受している幸運を思い出させた。「ここにいる私たちがこれまでにどれほどの才能、特権、機会を与えられてきたか考えれば、世界は私たちにほとんど限りない期待をする権利があります」

ゲイツは最後に卒業生たちにこう呼びかけた。「活動家になってください。大きな不平等に取り組んでください。仕事上の成功だけでなく、世界のもっとも深刻な不平等にどう対処したか……同じ人間であるという以外、共通点が何もない遠い世界の人々のために何をしたかによって、自分自身を判断してほしいと願っています」

二〇一〇年にゲイツとその友人の大富豪ウォーレン・バフェットは、ギビング・プレッジと呼ばれる啓蒙活動を開始した。これは世界有数の資産家が生前から、あるいは死後に財産の半分を慈善活動に寄付すると宣言する運動である。現在までに参加者は一五〇〇人を超え、総額三六五〇億ドルの寄付が表明されている。二〇〇七年にビル・ゲイツが母親のお気に入りの『ルカによる福音書』の言葉を引用して学生たちに語ったとおり、「多くを与えられた者は、多くを求められる」のである。

†

ここハーバードの知的指導者である学部長や教授のみなさんにお願いがあります。新しい教員を採用するとき、終身在職権を与えるとき、カリキュラムを見なおすとき、学位取得の条件を決めるとき、ご自身に尋ねてみてほしいのです。

私たちの最高の知性を、私たちの最大の問題を解決するために捧げるべきだろうか？

ハーバードは世界最悪の不平等に取り組むことを教員に奨励するべきだろうか？　ハーバードの学生は世界の貧困の深刻さ……世界的な飢餓の拡大……清潔な水の不足……学校に通えない少女たち……治療できる病気で亡くなる子どもたちについて学ぶべきだろうか？

世界でもっとも恵まれている人々は、もっとも恵まれない人々について学ぶべきだろうか？

これらは答えのいらない形だけの問いではありません。どのような方針で大学を運営するかによって、あなた方はこれらの問いに答えるのです。

私がこの大学に入学を認められた日、誇らしさでいっぱいだった母は、もっと人のために尽くしなさいといつも私に言い続けていました。母は私の結婚式の数日前に結婚パーティーを開いて、そこでメリンダ宛に書いた手紙を朗読しました。当時、母は癌を患って非常に体調が悪かったのですが、私たちに大切なことを伝えるいい機会だと考えたのでしょう。手紙の最後に、母はこう書いていました。「多くを与えられた者は、多くを求められます」

ここにいる私たちがこれまでにどれほどの才能、特権、機会を与えられてきたか考えれば、世界は私たちにほとんど限りない期待をする権利があります。

——ハーバード大学卒業式の式辞

092
バラク・オバマ

「イエス、ウィ・キャン！」――二〇〇八年一一月四日

"Yes, We Can!"

イリノイ州選出の新人上院議員だったバラク・オバマが第四四代アメリカ大統領に選ばれた瞬間の意義は、いくら強調してもし過ぎることはない。オバマを史上初となる非白人の大統領執務室の主人としてホワイトハウスに送り込んだのは、二〇〇八年の大統領選での大差による勝利だけでなく、黒人の人権剥奪に対する二五〇年間にわたる抵抗運動の成果だった。

バラク・オバマが政治の世界で名を知られるのに長い時間はかからなかった。ホワイトハウス入りす

るわずか四年前に上院議員に選出されたばかりだったが、オバマには経験豊富な政治家を思わせる政治的手腕とカリスマ性があった。オバマは社会の融和とイラク戦争反対を訴えて選挙に臨み、ベトナム戦争復員兵だった共和党の対立候補ジョン・マケインを相手に戦った。マケインより二五歳年下のオバマは、若々しいエネルギーを強調するためにしばしばネクタイを外した姿で登場し、すぐにでも腕まくりをして仕事に取りかかれそうなイメージを醸し出した。二〇〇八年の選挙戦は深刻な世界的経済危機を背景に争われた。

THE NATION'S NEWSPAPER
75 CENTS
Your guide to the election
Results '08
528 races across USA
USA TODAY
Congressional races
Democrats tighten grip on Senate
Wednesday, November 5, 2008
America makes history
Obama wins
'Change has come to America,' he says after election to presidency erases a racial barrier; Democrats make gains
Where the race was won
Florida
Colorado
Ohio
Pennsylvania
Virginia
Taps into the public's anger over economy and war
Newsline

オバマの歴史的勝利を伝えるUSAトゥディ紙の一面見出し。

二〇〇八年一一月四日の夜にマケインが敗北を認めると、オバマは勝利演説を民主党本部からではなく、二五万人近い支持者が集まるシカゴのグラントパークから行なうことに決めた。演説の冒頭でオバマはこう語った。「アメリカはあらゆることを可能にする場所だということをまだ疑っている人がいるなら、建国の父たちの夢がはたしてこの時代に生きているのだろうかと疑問に思う人がいるなら、民主主義の力をまだ信じられない人がいるなら、今夜があなた方への答えです」。彼が群衆に語りかけた次の言葉は、人々の記憶に深く刻まれた。「この日、この選挙で、この記念すべき瞬間に私たちが成し遂げたことによって、今夜アメリカに変革が訪れました」

オバマは未来に目を向けた。当時アメリカは戦争状態にあり、一〇〇年に一度と言われる最悪の金融危機を経験していた。選挙に勝つこと自体が目的ではないと彼は何度も繰り返した。「あなた方が選挙に勝つためだけにそう［私に投票］したのでないということを、私はよくわかっています」。「私たちが求めた変革は、この勝利だけではありません」

深刻な景気後退の中で、オバマはあたかも腕まくりをするような意気込みで、すべてのアメリカ人に訴えた。「たこのできた手で、ブロックをひとつずつ、レンガをひとつずつ積むように、この国を作り直す仕事に参加してください。町の商店街があえいでいるときに、ウォールストリートだけが繁栄することはあり得ません。私たちはひとつの国、ひとつの国民として、ともに苦しみ、ともに栄えるのです」

オバマはさらに広い範囲の聴衆に、世界に向かって語りかけた。「今夜、海の向こうで見守っているみなさん、議会や宮殿におられる方々。そして世界の忘れられた片隅で、ラジオの周りに身を寄せ合っているみなさん。私たちの物語はそれぞれ違いますが、私たちは同じ運命を分かち合っています」

群衆に向けた彼の演説のほとんどがそうだったように、バラク・オバマの勝利演説の結びの部分は感動的で詩的な美しさがあり、演説の傑作と言える。オバマはその夜、世界中で彼を見守り、その言葉に耳を傾けている数十億の人々に思いを馳せてから、今度はたったひとりの人物、あるひとりの有権者について語り始めた。「この選挙で自分の意見を表明するために投票の列に並んだ何百万人もの人々と、彼女は少しも変わりません。ただひとつの点を除いて――アン・ニクソン・クーパーさんは一〇六歳なのです。彼女は奴隷制が廃止されてからわずか一世代後に生まれました。その頃、彼女のような人はふたつの理由で投票できませんでした。女性であること、そして肌の色のためです」

アン・クーパーの人生を通じて、オバマはこの一世紀にアメリカが経験した苦闘を聴衆に思い出させた。「女性の声が封じられていた時代……中西部の大平原地帯に砂嵐が吹き荒れ、この国全体を恐慌が襲った時代……わが国の港に爆弾が投下された時代」。「そんなことはできないと言われ続けた日々。そのたびにアメリカらしいこの信念を掲げて突き進んできた人々」――ここでオバマは目の前にいる観衆に目を向けた――「イエス、ウィ・キャン。そうです、私たちにはできるのです！」

オバマはまずアメリカが直面した試練について語り、続いてアメリカが達成した成果について語りながら、この言葉を七回繰り返した。「アトランタ出身の牧師が『勝利を我らに』［ワシントン大行進で歌われた、公民権運動を象徴する歌］と民衆に告げ」、月に人類が降り立ち、ベルリンの壁は崩壊した。「アメリカで一〇六年の人生を過ごし、栄光の時代も暗黒の時代も経験したからこそ、彼女は知っています。アメリカは変われると。イエス、ウィ・キャン。そうです、私たちにはできるのです」

二〇一二年にオバマ大統領が再選されたとき、彼はフランクリン・D・ルーズベルト大統領以来久しぶりに、一般投票で絶対多数を二度獲得して勝利した民主党大統領となった。オバマ政権が導入したインクルージョン［性別、人種、障害の有無などによって排除されることなく、誰もが受け入れられ、生活できる社会を目指すこと］に関する改革は、政権を受け継いだトランプ大統領によって早々に撤回されてしまった。しかし、オバマはアメリカ史上十指に入るすぐれた大統領として評価されている。

†

アン・ニクソン・クーパーさんは一〇六歳なのです。彼女は奴隷制が廃止されてからわずか一世代後に生まれました。道路を走る自動車も、空を飛ぶ飛行機もなかった時代です。その頃、彼女のような人はふたつの理由で投票できませんでした。女性であること、そして肌の色のためです。

そして今夜、私は彼女がこの一世紀の間にアメリカで目にしたあらゆる出来事について考えています。その苦悩と希望、苦闘と進歩、そんなことはできないと言われ続けた日々。そのたびにアメリカらしいこの信念を掲げて突き進んできた人々のことを。イエス、ウィ・キャン。そうです、私たちにはできるのです！

女性の声が封じられ、彼女たちの希望が退けられていた時代に、クーパーさんは女性たちが立ち上がり、堂々と意見を言い、参政権を得るために運動するのをその目で見てきました。そうです、私たちにはできるのです。

中西部の大平原地帯に砂嵐が吹き荒れ、この国全体を恐慌が襲った時代に、彼女はこの国がニューディール政策と新たに生み出された仕事、そして新しい共通の目標意識によって、恐怖そのものに打ち勝つのを見てきました。そうです、私たちにはできるのです。

わが国の港に爆弾が投下され、圧政者が世界を脅かした時代に、彼女はその場にいて、もっとも偉大な世代と呼ばれる人々が立ち上がり、民主主義が救われるのを目撃しました。そうです、私たちにはできるのです。

アラバマ州モンゴメリーで人種差別をするバスがボイコットされたとき、バーミングハムで黒人の抵抗運動に向かって高圧放水が行なわれたとき、セルマの橋で公民権運動のデモ隊が警察の暴力によって血を流したとき、そしてアトランタ出身の牧師が『勝利を我らに』と民衆に語ったとき、彼女はそこにいました。そうです、私たちにはできるのです。

月に人類が降り立ち、ベルリンの壁が崩壊し、世界は科学と想像力によって結びつきました。そして今年、この選挙で、彼女は投票機のタッチスクリーンに指で触れて投票しました。アメリカで一〇六年の人生を過ごし、栄光の時代も暗黒の時代も経験したからこそ、彼女は知っています。アメリカは変われると。そうです、私たちにはできるのです。

——勝利演説「イエス、ウィ・キャン」

093

マララ・ユスフザイ

「すべての子どもに教育を受ける権利を」——二〇一三年七月一二日

"The right of education for every child"

タリバンによる暗殺計画の標的となったとき、マララ・ユスフザイはまだ一五歳だったが、すでに確固たる信念をもって率直な意見を述べる一人前の人間だった。襲撃された後、一命をとりとめた彼女は世界中から注目された。マララはその機会を最大限に生かして、女性と子どもが教育を受ける権利を訴えた。

マララ・ユスフザイはパキスタン北部のカイバル・パクトゥンクワ州、かつては北西辺境州と呼ばれ

マララはイギリスのエッジバストン・ハイスクールを卒業後、哲学・政治学・経済学の学位（PPE）を取るために、オックスフォード大学のレディ・マーガレット・ホールに入学した。ベナジル・ブットと同じカレッジで学び、同じ学位を目指している。

ていた地域で生まれた。二〇〇一年九月一一日に起きた衝撃的なテロ事件以来、この地域は軍事衝突の舞台となった。マララが一〇歳のとき、タリバンの武装集団が彼女の故郷スワート地区を制圧した。タリバンはこの地域にイスラム法のシャリーアによる統治を強制し、彼らの支配は二年間続いた。

マララはＢＢＣ放送のウルドゥー語放送局の依頼で、タリバン政権下（タリバンは女子教育に反対していた）の女子学生の生活をブログに書き始めた。スワートで学校を経営していた父親の影響で、マララは女子教育の重要性を強く訴え、タリバン政権下の生活を粘り強く批判し続けた。若者らしい、しかも明晰な彼女の発言が国際的な注目を集めると、タリバンはマララの暗殺を計画した。二〇一二年一〇月九日、彼女はスクールバスに乗っているときに襲撃され、頭部を撃たれた。マララは一五歳だった。

彼女は奇跡的に一命を取りとめた。パキスタンとイギリスで頭蓋骨を再建する外科手術と、失われた聴覚を取り戻すために人工内耳の手術を受けた後、マララは完全に回復した。女子生徒に対する襲撃事件は世界中に怒りの渦を巻き起こした。パキスタンでは数百万人の抗議活動が起き、この国で初めて教育の権利を保証する法律が成立した。イギリスやアメリカでは政治家がこの事件への憤りを表明し、国連事務総長のパン・ギムンはこの犯行を卑劣な行為として非難した。

二〇一三年一月に退院したマララは、その年の七月一二日に国連本部に招かれて演説した。その日は彼女の一六歳の誕生日で、銃撃以来、公の場で話すのはそれが初めてだった。その日のために、マララは子どものころから崇拝していたパキスタンの元女性首相ベナジル・ブットの形見のショールを身につけた。率直な発言で知られたブット元首相は、二〇〇七年にパキスタン北部の都市ラーワルピンディーで選挙運動中に暗殺されている。

マララは落ち着いた口調と、驚くほど成熟した演説のセンスを発揮して話した。感動を誘うリズミカルな一節の中で、彼女は犯人への報復は望まないと言った。「私の手に銃があり、彼が目の前に立っていたとしても、私は彼を撃たないでしょう。それこそが慈悲深い預言者マホメット、イエス・キリスト、仏陀から学んだ思いやりです。それこそがマーティン・ルーサー・キング、ネルソン・マンデラ、ムハンマド・アリー・ジンナー［パキスタン独立後初の総督］から受け継いだ変革の遺産です。それこそが、ガンディー、バシャ・カーン［ガンディーとともに非暴力運動を指導したイスラム教徒パシュトゥン人］、そしてマザー・テレサから学んだ非暴力の哲学です。そしてそれこそが、父と母から学んだ寛容の精神です。私の魂は私にこう命じています。平和を愛し、すべての人を愛しなさいと」

戦争ではなく教育を、特に女性のための教育を強く訴えて、マララは結びの言葉を述べた。「無学、貧困、テロに対する栄誉ある戦いを始めましょう。本とペンを手に取りましょう。それらはもっとも強力な武器になります。ひとりの子ども、ひとりの教師、一冊の本と一本のペン。それで世界は変えられます」

この演説から一年後、すべての子どもに教育を求める彼女の訴えと、それを支援するための活動が評価されて、驚くべき名誉がもたらされた。二〇一四年のノーベル平和賞である。イスラム教徒のパキスタン人であるマララが、同じく児童の権利のために活動しているヒンドゥー教徒のインド人、カイラシュ・サティヤルティと共同受賞することになった。サティヤルティは六〇歳、マララは一七歳で、史上最年少のノーベル賞受賞者となった。マララ・ユスフザイは現在オックスフォード大学で政治学を学んでいる。

†

私たちは発展途上国の少女たちの教育機会を拡大するための支援を先進国に求めます。私たちはすべてのコミュニティが寛容の精神をもって、カースト、信条、宗派、肌の色、信仰、性別に基づく偏見を拒否し、女性たちが活躍できるように、自由と平等を保証するよう求めます。人口の半分が抑圧されているとき、すべての人が成功することはできないからです。私たちは世界中の姉妹のみなさんに、勇気を出して自分の内に秘めた力を理解し、その能力を最大限に発揮するよう求めます。

親愛なる兄弟姉妹のみなさん、私たちはすべての子どもたちの輝かしい未来のために、学校と教育を求めます。私たちは平和と教育を目指す旅を続けます。私たちを止めることは誰にもできません。私たちは自分たちの権利のために声を上げ、私たちの声によって変革をもたらすでしょう。私たちは言葉の力と強さを信じています。私たちの言葉は全世界を変えることができます。私たちはみな、教育という大義のために協力し、団結しているからです。目的を達成したいと願うなら、知識という武器を備え、団結と協力を盾として身を守りましょう。

親愛なる兄弟姉妹のみなさん、私たちは何百万人もの人たちが貧困と不正と無知のせいで苦しんでいることを忘れてはいけません。何百万人もの子どもたちが学校へ行く機会を奪われている現実を忘れてはいけません。私たちの姉妹と兄弟たちが、輝ける平和な未来を待ち望んでいることを忘れてはいけません。

ですから無学、貧困、テロに対する栄誉ある戦いを始めましょう。本とペンを手に取りましょう。それらはもっとも強力な武器になります。ひとりの子ども、ひとりの教師、一冊の本と一本のペン。それで世界は変えられます。教育が唯一の解決策です。教育はすべてに優先します。ご清聴ありがとうございました。

——一六歳の誕生日に行なわれた演説「すべての子どもに教育を受ける権利を」

094 エミリー・ドウ

スタンフォード大学レイプ事件裁判陳述書——二〇一六年六月二日

Stanford Rape Trial

スタンフォード大学の学生がキャンパス内で性的暴行事件を起こしたとき、弁護士は恵まれた環境で育った被告に寛大な判決を勝ち取るため、法廷で被害者を蔑んだ。弁護士の意図どおり、裁判を担当した裁判長が下した量刑はきわめて軽いものだった。しかし判決当日に被害者の女性が読み上げた陳述書は、たちまち何千人もの性的暴力被害者の共感を集めた。

二〇一五年一月一八日の深夜一時頃、スタンフォード大学のふたりの男子学生がキャンパス内を自転車で移動していたとき、大型ゴミ容器の陰でひとりの男が明らかに意識のない半裸の女性の上に乗っているのを目撃した。心配したこの学生たちは現場に駆け寄り、逃げようとした男を追いかけて、警察が到着するまで取り押さえていた。

プライバシーを保護するために「エミリー・ドウ」という仮名で呼ばれることになった被害者は、その夜、被告人のブロック・ターナーと同じパーティーに参加していた。ふたりとも泥酔しており、ドウの血中アルコール濃度は酒気帯び運転の基準値の三倍に達していた。裁判で、ターナーは彼女が性的な誘いに同意したと主張したが、ドウは彼に会ったことさえ覚えていなかった。地元の病院で意識を取り戻したとき、彼女の手と肘に乾いた血がこびりつき、髪にはたくさんの松葉が絡みついていた。検査を担当した看護師は、彼女が性的暴行による外傷を含む重い身体的損傷(擦過傷と打撲)を負っていると判断した。

正式には「カリフォルニア州対ブロック・アレン・ターナー」と呼ばれるこの刑事事件において、被告側の弁護士はあらゆる手を使ってドウの信用を落とそうとした。さらにブロックは全米代表のスポーツ選手で将来有望な若者だと述べ、ドウは自分から進んで性行為に応じたと主張した。

最終的に、ターナーは酩酊状態にある女性に対するレイプ目的の暴行、酩酊状態にある相手に異物を挿入する性的暴行、意識のない相手に異物を挿入する性的暴行の三件の罪について有罪が宣告された。これは州刑務所で最長一四年の刑期が求刑される可能性がある重罪だったが、サンタクララ郡上位裁判所のアーロン・パースキー裁判長は、ターナーに郡刑務所でわずか禁固六カ月の刑と保護観察処分を言い渡した。裁判長は、これ以上厳しい刑はオリンピックを目指す有望な水泳選手である被告の将来に深刻な影響を及ぼす可能性があると語った。ターナーは生涯にわたって性犯罪者リストに登録することを命じられた。この判決は恵まれた環境にいる若い白人男性を優遇するお仕置き程度の軽い量刑とみなされ、全米から激しい批判を浴びた。

判決当日の二〇一六年六月二日、エミリー・ドウは法廷で陳述書を読み上げた。それはターナーに直接語りかける手紙の形式で書かれた七二四四語に及ぶ胸に迫る文書で、彼女が体験した苦しみと、それが日々の生活にどれほど深刻な影響を与え続けているかを訴えていた。翌日、手紙の全文がオンライン・メディアのバズフィードに掲載された。「新聞に載った私の名前は、『酩酊した意識不明の女性』でした。たった一〇音節です。それ以上の何者でもありませんでした。しばらくの間、私はそれが自分のすべてなんだと思い込んでいました」。こうした悲痛な文章は人々の心を、特に性的暴力を受けた他の被害者の心を激しく揺さぶった。この手紙はすぐにソーシャルメディアで野火のように広がり、わずか三日で八〇〇万人に閲覧された。

六月四日、今度はブロック・ターナーの父親による手紙が公開された。手紙の中で父親は息子への寛大な処置を裁判長に求め、この判決は「二〇分間の行為に対して支払うには、あまりにも高い代償」であると主張していた。この手紙はターナー一家に対する憤りと批判をいっそうかき立てる結果になった。

ドウの手紙は拡散され続け、ドウへの支持を表明する声が世界中から寄せられた。ジョー・バイデン副大統領は「勇敢な若い女性への公開書簡」と題した手紙の中で、次のような感情のこもった言葉を述べた。「私は激しい怒りで一杯です。あなたにこんなことが起きてしまったことに。そして私たちの文化がひどく損なわれているために、あなたが自分で自分の価値を守らなければならない立場に追いやられたことに」

スタンフォード大学の二〇一六年の卒業式では、卒業生がレイプ・カルチャー［性暴力が普通のことと考えられている風潮］に抗議するポスターを掲げ、角帽に「三分の一」と書いたカードをつけて式に出席し、判決に対する怒りと不満を表明した。「三分の一」とは、統計的に見て一生の間に性的暴力や身体的暴力を受ける可能性のある女性の割合を示している。

カリフォルニア州対ターナー裁判とドウの陳述書がもたらした影響は、裁判が終わった後も長い間続いた。カリフォルニア州議会は性的暴力に関する法律を厳格化するふたつの法案を通過させた。ひとつはカリフォルニア州内でのレイプの定義に、同意のない指の挿入を加えるもので、もうひとつは意識のない被害者に対する暴行に最低でも禁固三年以上の刑を課す法律である。

アーロン・パースキー裁判長に対する怒りは治まらず、ついにオンラインでのリコール嘆願に一三〇万人が署名した。パースキー裁判官は二〇一八年六月五日に罷免され、カリフォルニア州で八〇年以上ぶりに罷免される裁判官となった。

一方、ドウの力強く感動的な法廷での陳述は一一〇〇万回も閲覧され、性的暴力やレイプ・カルチャーに関する考え方を永久に変えた。

†

裁判長、もし差し支えなければ、この陳述書の大部分を被告に向かって直接述べさせていただきたいと思います。

あなたは私を知りません。でもあなたは私の中に入り込みました。だから私たちは今日、この場にいます。

二〇一五年一月一七日、私は家で静かな土曜の夜を過ごしていました。父が夕食を作り、私は週末に帰ってきていた妹と食卓につきました。私はフルタイムで働いていて、そろそろ寝る時間が近づいていました。私は家でテレビを見たり本を読んだりしてひとりで過ごそうと思い、妹は友達と一緒にパーティーに行くことになっていました。でも私が妹と一緒にいられるのはその夜だけで、他にすることもなかったので、家から一〇分のところでつまらないパーティーをやっているのなら、出かけて行って、馬鹿みたいに踊って、妹をびっくりさせようと思いました。私はそこへ行く途中、学部の生徒はまだ歯列矯正器をつけているんじゃないのと冗談を言いました。妹は私が男子学生寮のパーティーに行くのに、まるで図書館司書みたいなベージュのカーディガンを着るなんてと言ってからかいました。私は自分のことを「ビッグ・ママ」と呼びました。会場で自分が一番年上なのがわかっていたからです。私はおどけた顔をして、はしゃいで、大学を卒業してからあまり飲めなくなっているのを考慮せずに勢いよく飲み過ぎてしまいました。

次に私が覚えているのは、廊下でストレッチャーに寝かされていたことです。両手の甲と肘に乾いた血がこびりついていて、包帯が巻かれていました。たぶん私は倒れて、キャンパスの事務室にいるんだろうと思いました。私はとても落ち着いていて、妹はどこだろうと考えました。保安官代理が、私は暴行されたのだと言いました。それでも私は落ち着いていました。それが自分のことだとは思えなかったからです。パーティーに私の知り合いは誰もいませんでした。ようやくお手洗いに行くのを許可されたとき、私は着せられていた病院用のズボンを下ろし、次に下着を下ろそうとしましたが、手には何も触れませんでした。私は今でも両手が肌に触れて、本来あるはずの布をつかめなかったときの感覚を覚えています。見下ろしても、そこには何もありませんでした。薄い布、私の膣とそれ以外を隔てている唯一のものが無くなっていると気づいた瞬間、私の中ですべてが静止しました。あのときの気持ちをどう表現したらいいか今でもわかりません。呼吸を落ち着かせるために、私は警察が証拠のためにはさみを使って切り取ったのだろうと考えました。

それから私は首筋に松葉がちくちくと当たるのを感じて、髪の毛から松葉を抜き始めました。おそらく木の上から頭に松葉が落ちてきたのだろうと考えました。私の頭は私の心に、しっかりしろと言い続けていました。私の心は、助けて、助けてと叫び続けていたからです。

［三〇三頁に続く］

――エミリー・ドウの法廷陳述

095 スティーブン・ホーキング

「ＡＩは人類にとって史上最高の、
または最悪の出来事になるだろう」――二〇一六年一〇月一九日

"AI will be either the best, or the worst thing, ever to happen to humanity"

人生最後の数年間、物理学者のスティーブン・ホーキングは人工知能（ＡＩ）の未来について、たびたび公の場で語った。『ホーキング、宇宙を語る――ビッグバンからブラックホールまで』（林一訳、早川書房）の著者で、「車椅子の物理学者」として知られるホーキングは、二〇一六年にイギリスのケンブリッジ大学リバーヒューム未来知能センターのオープニングセレモニーで講演した。

スティーブン・ホーキングは一九六三年に運動ニューロン病の一種である筋萎縮性側索硬化症（ALS）と診断された。余命二年と宣告されたが、それから五五年間生きて、七六歳で亡くなった。筋肉の機能が徐々に失われていき、発声できなくなったホーキングは、コンピューターを利用した音声合成システムを使って話した。その装置は、最初は手を使って、最後には頬の筋肉だけで操作された。

ホーキングの機械的な「音声」は、最新の科学的な話題に関する公の場での発言や、ドラマ『ビッグバン・セオリー』へのゲスト出演を通じて数百万人におなじみだった。技術の進歩により、もっと人間らしい音声も使えるようになったが、ホーキングは彼の声だとすぐにわかる金属的な音声をそのまま使い続けた。

ホーキングは二〇一四年に、宇宙開発事業を手がける実業家のイーロン・マスクとともに、野放しのAI研究に懸念を表明した。ふたりは人間の存在を危うくしかねないAI開発を監視するボストンの生命未来研究所の科

スティーブン・ホーキングは1942年1月8日、ガリレオ・ガリレイの没後300周年の記念日に生まれ、2018年3月14日、アルバート・アインシュタインの生誕139周年にあたる日に亡くなった。

学諮問委員会のメンバーだった。二〇一五年一月、彼らは他のＡＩ研究者とともに、「ＡＩは大いなる可能性があるからこそ、潜在的な落とし穴に落ちるのを避けながら、その恩恵をいかに手に入れるかを研究することが重要である」と宣言する公開意見書に署名した。

ＡＩの落とし穴のひとつとして、いったん動き始めると人間のコントロールがきかなくなり、特定の状況の倫理的な側面よりも単なるデータの統計的分析に基づいて、「誤った」決定をしかねない機械やシステムが作られる可能性が挙げられる。たとえば自動車事故について考えると、自動運転車はひとりの死亡事故を避けるために、多数の軽傷者を出す方向にハンドルを切るべきかという問題が考えられる。

意見書は、こうした難しい領域の研究をもっと進めるよう呼びかけた。ケンブリッジ大学の新しいＡＩ研究センターのオープニングセレモニーで、ホーキングは「私の言葉に耳を傾けてくれる人がいるのはとてもうれしい」と冗談まじりに言った。音声合成システムを使って冗談を言うのは容易ではなかったが、彼はその研究センターの設立を歓迎し、こんな皮肉なコメントをした。「私たちは歴史の研究に膨大な時間を費やしているが、正直に言って、人間の歴史の大半は愚行の歴史だ。だから代わりに知能の未来を研究するのは喜ばしい変化と言える」

ホーキングは人間の知性を模倣し、いずれは凌駕するであろうコンピューターの将来性について熱を込めて語った。「知能を創造することで得られる潜在的な恩恵は計り知れない」と彼は言った。「私たちの知性がＡＩによって増幅されたとき、何が達成できるかは予想もできない」。彼は産業化時代の初期の技術革命によって破壊された環境を回復させるという崇高な目的に、ＡＩが活用できると強調した。「そして私たちは必ずや病気と貧困の撲滅を目指すだろう」と彼は説いた。

しかし、ＡＩが完全に自律的に思考する能力には制限を設ける必要がある。「ＡＩは恩恵とともに、危険ももたらす。たとえば強力な自律型兵器や、少数が多数を抑圧する新しい方法が生まれるかもしれない。ＡＩは私たちの経済に大きな分裂を生じさせるだろう。そして将来、ＡＩは自分自身の意思を――私たち人間に背くような意志を発達させるかもしれない」

ホーキングは最後に、「端的に言えば、強力なＡＩの台頭は、人類にとって史上最高の、または最悪の出来事になるだろう。そのどちらになるのかはまだわからない」と述べた。二〇一八年の春になると、無人自動運転車による死亡事故のニュースがメディアに登場するようになった。

リバーヒューム未来知能センターは、設立の目的をこのように宣言している。「機械の知性を最大限に活用するために、人類最高の知性を結集し」、「人工知能が人類全体に利益をもたらすように、全世界のコミュニティ」に協力を呼びかけることだ。スティーブン・ホーキングの知性が、もうその課題に貢献できないのが残念でならない。

†

私は生物学的な脳が達成できることと、コンピューターが達成できることの間に大きな差はないと考えている。したがってコンピューターは、理論上、人間の知性と同等か、それ以上のことができるだろう。

人工知能の研究は今や急速に進歩している。自動運転車や、コンピューターが囲碁で人間に勝つという最近の注目すべき業績は、これから起きることを象徴している。このテクノロジーに途方もないレベルの投資が注がれている。私たちがこれまでに見てきた成功は、今後数十年間にもたらされるものに比べれば、きっと色あせて見えるだろう。

知能を創造することで得られる潜在的な恩恵は計り知れない。私たちの知性がＡＩによって増幅されたとき、何が達成できるかは予想もできない。おそらくこの新しい技術革命の道具を使って、私たちは過去の技術革命、すなわち産業化によって自然界に与えた損害を回復させることができるだろう。そして私たちは必ずや病気と貧困の撲滅を目指すだろう。私たちの生活のあらゆる面が一変する。つまりＡＩの創造に成功すれば、それは私たちの文明史上最大の事件になり得るのである。

しかし私たちがリスクを避けることを学ばなければ、ＡＩは人類史上最後の事件となってしまうかもしれない。ＡＩは恩恵とともに、危険ももたらす。たとえば強力な自律型兵器や、少数が多数を抑圧する新しい方法が生まれるかもしれない。ＡＩは私たちの経済に大きな分裂を生じさせるだろう。そして将来、ＡＩは自分自身の意思を——私たち人間に背くような意志を発達させるかもしれない。

端的に言えば、強力なＡＩの台頭は、人類にとって史上最高の、または最悪の出来事になるだろう。そのどちらになるのかはまだわからない。

——人工知能が人類に与える影響に関する演説

096

アシュレイ・ジャッド

「私はいやな女」——二〇一七年一月二一日

"I am a nasty woman"

二〇一六年の大統領選は荒れ模様となった。共和党候補のドナルド・トランプは政治経験がなく、常識外れな言動が目立った。民主党候補のヒラリー・クリントンはエリート主義で世間知らずという印象を与えた。しかしトランプがヒラリーやその他の女性たちに放った侮辱的な発言は、首都ワシントンで史上最大の政治的デモを引き起こす原因となった。

この選挙運動の最中に、二〇〇五年に録音されたドナルド・トランプの音声が公開された。その当時放送されていたリアリティ番組『アプレンティス』に出演して人気者だったトランプが、女性をモノにするのは簡単だと卑猥な言葉で語る内容だった。トランプは、自分の発言は男性がロッカールームで話すような悪気のない冗談に過ぎないと言って批判をかわした。その二週間後に迎えた最後の選挙討論会で、トランプはヒラリー・クリントンの発言をさえぎって、彼女を「いやな女」と呼んだ。クリントンの女性支持者の多くが、この言葉を連帯の旗印として掲げた。世界中のフェミニズム運動家がトランプのあけすけな女性蔑視に反発し、大統領就任式の翌日に八二カ国で六七三回のウィメンズ・マーチが行なわれた。

もっとも大規模なウィメンズ・マーチはワシントンで開催され、参加者は五〇〇万人から一〇〇〇万人と推定された。集まった群衆の規模は、前日の大統領就任式の動員数に比べるとはるかに迫力があった。主な演説者として、フェミニズム運動を代表するグロリア・スタイネム、ドキュメンタリー映画監督の

ワシントンDCのウィメンズ・マーチで演説するアシュレイ・ジャッド。

マイケル・ムーア、そしてスカーレット・ヨハンソンなどの有名人が参加した。

映画『ダブル・ジョパディー』やテレビドラマ『ミッシング』などの出演で知られる女優のアシュレイ・ジャッドは、この日もっとも熱のこもった演説をした。彼女は数週間前に一九歳のニーナ・ドノヴァンが『いやな女』という自作の詩を発表するのを見て、その詩を自分の演説で披露した。テネシー州フランクリンに住むドノヴァンは、地元新聞のインタビューで、「彼がヒラリーをいやな女と呼んだ瞬間に、思わず言いました。『ひどい！　いやな女の詩を書かなきゃ』って。私は彼の言葉を逆手に取ったんです」と話した。

その詩はこのように始まる。「私はいやな女。でもチートスの粉を浴びたような男よりはまし」。チートスはコーンスナックの名前で、トランプの髪の色はチートスそっくりだと言われていた。「人種差別、欺瞞、利害の対立、同性愛嫌悪、性的暴行、白人至上主義、女性蔑視。そんなものに比べれば、私の方がまし。そう、私はいやな女。騒々しい、無作法な、誇り高い女」

ふとしたときに現れるトランプの女性蔑視は、女性たちの失望と怒りにふたたび火をつけたように見えた。フェミニズムの古典とされるベティ・フリーダンの『新しい女性の創造』（三浦冨美子訳、大和書房）が出版されてから五〇年以上たっても、まだこの闘いを続けなければならないことに女性たちは信じられない思いを味わった。「祖母たちは私が投票所に入れるように闘ってくれた。私はその闘いのようにいやな女。平等賃金を求める闘いのようにいやな女」。ドノヴァンはさらに修辞疑問を使って男女間の不平等を批判した。「生理パッドやタンポンは課税されるのに、どうしてバイアグラやロゲイン［発毛剤］は課税されないの？　あなたの薄くなった髪なんかより、私のジーンズについた血の染みの方が恥ずかしいでしょう？」

詩の中で、トランプの不適切な性的ふるまいに対する率直な批判をこめて、ドノヴァンは人生の半分を目を伏せて生きてきたと語った。「目が合ったからって、体も合わせたいんだとあなたが誤解しないように。私は人生の半分を、ジッパーで笑顔を閉じて生きてきたの。私があなたのジーンズのジッパーを開けたいんだと、あなたに思われないように」。選挙運動中、トランプは特にフェミニストの激しい怒りを買った。ドノヴァンはトランプがいわゆる「ロッカールームの冗談」で使ったあからさまな言葉を皮肉って、女性の体はつかむためにあるのではなく、次の世代のいやな女たちを生むためにある、と書いた。「だからあなたがいやな女のひとりなら、あるいはいやな女を愛しているなら、『そのとおり！』と言って」

アシュレイ・ジャッドが最後の言葉を言い終えると、一〇〇万人もの群衆が、一斉に「そのとおり！」と応じた。ニーナ・ドノヴァンの詩を朗読したアシュレイ・ジャッドの動画は、ソーシャルメディアで一気に拡散した。ジャッドの演説はウィメンズ・マーチを代表する演説のひとつになり、残念ながらトランプ政権下のアメリカ社会の分断をいっそう強調する結果になった。ジャッドはツイッターでほぼ同数の称賛と批判を受け取った。この年の秋、ジャッドは映画界の大物プロデューサー、ハーベイ・ワインスタインからセクシャルハラスメントを受けた経験があると告発し、ワインスタインは失脚した。二〇一七年にはいやな男がそこら中にいたことが明らかになった。

†

私はいやな女。

でもチートスの粉を浴びたような男よりはまし。アメリカにとって邪魔でしかない言葉をまき散らす男。国歌を汚す選挙人団公認のヘイトスピーチ。そんなものよりはまし。

私の町のあちこちにひるがえる南部連合の旗よりも私の方がまし。もしかしたら南部はもう一度蜂起しようとしているのかもしれない。もしかしたら、南部はまだ陥落していないと思っている人がいるのかもしれない。黒人は黒人だというだけで、まだ手かせ足かせをはめられているお墓の中にいる。メラニンがあるのは人間じゃなくて動物の皮膚だと思っている人たちの面前で、奴隷制は刑務所制度に姿を変えた。

プライド・フラッグ［ＬＧＢＴの象徴である六色の旗］に落書きされたナチのかぎ十字よりも私の方がまし。悪魔がよみがえるなんて私は知らなかったけれど、この町にヒトラーがいるのは感じる。口ひげじゃなくカツラをつけて、ナチじゃなく閣僚と名のり、電気ショック療法を新たなガス室にして、ゲイの人たちをアメリカから追放し、虹色の旗を遺書に変える。

——ウィメンズ・マーチで発表されたニーナ・ドノヴァンによる詩、『いやな女』から抜粋

097 マーク・ザッカーバーグ

ハーバード大学卒業式の式辞——二〇一七年五月二五日

Commencement Address at Harvard

ビル・ゲイツの足跡をたどるかのように、フェイスブック創業者のマーク・ザッカーバーグは事業を始めるためにハーバード大学を中退し、巨万の富を築いた。一〇年前にビル・ゲイツがそうしたように、ザッカーバーグは二〇一七年にハーバード大学に戻って名誉学位を授与され、卒業する学生たちに式辞を述べた。

二〇一八年一月にフェイスブックのアカウントは二一億に達した。地球人口の四人にひとり以上がフェイスブックを使用していることになる。フェイスブックがこれほど世界の隅々まで広がるとは、大胆な野心を持ったマーク・ザッカーバーグでさえ予想していなかっただろう。「私はハーバードのコミュニティをつなぐだけでもわくわくするけれど、いつか誰かが世界中をつなぐに違いないと［友人に］言いました」と彼は古巣のハーバードで卒業生に語った。「その誰かが自分たちになるとは思いもしませんでした」

フェイスブックは利用者のデータを活用し、広告主に市場への効率的なアプローチを提供して収入を得ている。二〇一七年にフェイスブックの時価総額は五〇〇〇億ドルを超え、偶然にも同じ週にアマゾンもこの節目の数字に達した。その当時、時価総額がフェイスブックを上回っていたのは、グーグル、アップル、そしてビル・ゲイツのマイクロソフトだけだった。

フェイスブックは二〇〇四年にハーバード大学の学生向けソーシャル・ネットワーク・サービスとして誕生し、次第

ハーバード大学で式辞を述べるマーク・ザッカーバーグ。

にアメリカ北部の大学に広がった。二〇〇六年には一三歳以上なら誰でもフェイスブックを利用できるようになった。どうやら一三歳以上の人はみんなフェイスブックに登録したいと思ったようだ。誰かと「フェイスブック友達」になるというのは、コミュニティに帰属すること、コミュニティの一員になるということだ。ザッカーバーグが式辞で強調したのも、コミュニティ、そして共通の目的を持つことの重要性だった。

「今日ここで、私はみなさんに型通りのスピーチをするつもりはありません」と彼は言った。「自分の目的を見つけるだけでは十分とは言えません。私たちの世代が担う課題は、誰もが目的意識を持てる世界を創造することです」。社会と労働のあり方が変化したせいで、人々は目的を見失っている。「目的とは、私たちが自分より大きな何かに属しているという感覚です。今日では多くの人たちがつながりを失っています」

彼は人々が目的意識を回復するための三つの方法を提案した。ひとつは「意義のある大きなプロジェクトを起こすこと」、つまり公共事業である。ザッカーバーグは、人類を月に送るために三〇万人が力を合わせた宇宙開発事業を例に挙げた。その仕事は彼らに目的を与えただけでなく、「われわれには偉大なことができるという自尊心を国全体にもたらしました」。偉大な事業は小さなところから始まる。「アイデアは完全な形になってから浮かんでくるわけではありません。とりあえず始めてみる必要があります」とザッカーバーグは言い、その明白な例としてフェイスブックを挙げた。また、アイデアが一瞬にしてひらめくという考えは危険な嘘だとつけ加えた。画期的なアイデアが浮かぶのを待っていると、人は笑い者になったり失敗したりするのを恐れて、何も始められなくなるからだ。

現代のような企業家社会で目的意識を持つためのふたつ目の方法は、平等を富裕層だけでなく、あらゆる人々の権利として再定義し、成功のために「何度でも挑戦できる」環境を整えることだ。「すべての世代が平等の定義を拡大してきました」と彼は述べた。「過去の世代は投票権や公民権のために闘いました。今度は私たちの世代のために新たな社会契約を定義しなければなりません」。一〇年前の卒業式でビル・ゲイツが語った内容を踏襲して、ザッカーバーグは「経済的指標だけでなく、どれほど多くの人が意義ある役割を持てるかによって進歩が測られる」社会を作らなければならないと訴えた。

利用者の個人情報を収集して広告主に便宜を図り、それによって収入を得るフェイスブックのビジネスは、しばしば利用者の信頼を裏切る情報の不正利用によって批判を受けてきた。そのフェイスブックを創業した人物の式辞としては、驚くほど理想主義的なスピーチである。しかしザッカーバーグは、彼自身とハーバードの同窓生が成功できたのは、幸運と富、そして特権のおかげだと理解していた。「目的を追求できる自由を全員に与えるには、タダでというわけにはいきません」と彼は認めた。「私のような立場の人間がその費用を支払わなければいけません。みなさんの多くは将来成功するでしょうから、みなさんもそうするべきです」

「すべての人に目的意識を創造する三つ目の方法は、コミュニティを作ることです」と彼は続けた。ここで彼はふたたびフェイスブックを例に挙げた。「これは私の物語でもあります。学生寮で暮らしていた学生が、コミュニティをひとつひとつつなげていき、それを続けて、とうとう世界全体をつなげる日が来たのです。二〇一七年度卒業生のみなさん、これからあなた方が旅立つ世界は、目的を必要としています。それを創るのはみなさんの仕事です」

†

すべての世代に、それを代表する業績があります。月に人類を送るために三〇万人以上が働きました。あの清掃作業員も例外ではありません。世界中の子どもたちにポリオの免疫をつけるために、数百万人のボランティアが活動しました。数百万人以上がフーバーダム建設のような偉大な事業のために協力しました。

これらの事業はその仕事をする人々に目的を与えただけでなく、われわれには偉大なことができるという自尊心を国全体にもたらしました。今度は私たちが偉大なことを成し遂げる番です。みなさんはおそらくこう思っているでしょう。ダムの作り方など知らないし、百万人もの人々が関わる事業をどう始めればいいのかもわからないと。

しかしひとつ秘密を教えましょう。最初は誰にもわからないのです。アイデアは完全な形になってから浮かんでくるわけではありません。取り組んでみて初めて明確な形が見えてくるものです。だからとりあえず始めてみる必要があります。

映画や大衆文化はその点で大きく間違っています。アイデアが一瞬にしてひらめくという考えは危険な嘘です。それではアイデアが浮かばないうちは、何もできないと思ってしまうでしょう。すぐれたアイデアの種を持っている人が、一歩踏み出すのを妨げることになります。

高い理想を掲げるのはいいことですが、誤解される覚悟をしておく必要があります。大きなビジョンを描いて仕事をする人は、頭のおかしな奴だと言われるでしょう。しかし、いつかはあなたの正しさが証明されるときが来ます。複雑な問題に取り組む人は、困難がわかっていないと批判されるでしょう。しかし、前もってすべてを知ることは誰にもできません。イニシアチブを取る人は、急ぎ過ぎだと非難されるでしょう。なぜならつねに誰かがあなたの足を引っ張りたいと思っているからです。

私たちの社会では、間違いを犯すのを恐れるあまり、何もしないでさまざまな問題から目をそらし、大きな仕事ができない場合がしばしばあります。現実には、私たちがすることは何であれ、将来に影響を及ぼさずにいられません。だからといって何かを始めるのをためらってはいけないのです。

——ハーバード大学卒業式の式辞

098

ジェームズ・コミー

上院公聴会における証言――二〇一七年六月八日

Senate Testimony

二〇一三年九月、バラク・オバマ大統領はジェームズ・コミー元合衆国司法副長官をＦＢＩ長官に任命した。ＦＢＩ長官の任期は一〇年と決められていた。コミーの前任者だったロバート・モラーは、後に二〇一六年の大統領選へのロシアの介入疑惑を捜査する特別検察官に就任し、世間の注目を浴びた。トランプ大統領によって任期途中で解任されたコミーは、下院でも上院でも怒りを隠そうとしなかった。

ジェームズ・コミーは共和党員だったが、後に自分は共和党と民主党のどちらにも肩入れしていないと宣言した。二〇一六年の大統領選投票日まで二週間を切った時点で、民主党大統領候補ヒラリー・クリントンが機密メールの送受信に私用メールアカウントを使用していた件［機密情報の取扱規定に違反する］について再捜査を開始するとジェームズ・コミーが発表すると、彼は民主党から激しい非難を浴びた。ところがコミーが捜査終了前からクリントンを訴追しないという声明文を準備していたことが明るみに出ると、今度は共和党から猛攻撃を浴びた。

コミーの捜査はクリントンの信用を傷つけたが、起訴は求めないという結論で捜査の幕が引かれた。コミーの捜査に明らかな政治的偏向は認められなかったが、民主党も共和党も怒りと不満が収まらなかった。一方で世論やメディアはコミーの独立性と中立性を高く評価した。

二〇一七年初めにトランプ大統領の国家安全保障問題担当大統領補佐官であるマイケル・フリンが、補佐官に就任する前にロシア大使と会談したと報道された。その

上院情報委員会でのジェームズ・コミーの証言は世界中で報道された。目まぐるしく展開する司法ドラマの中で、これは大統領が最初に浴びた重い一撃だった。

後、フリンがこの会談の性質と時期についてペンス副大統領に虚偽の説明をしていたことが指摘され、トランプはフリンの辞任を承認した。ジェームズ・コミー長官の指揮で、FBIはフリンに対する捜査を開始した。

トランプはこの年の五月にコミーを解任した。一〇年の任期のうち、まだ四年しかたっていなかった。コミーはFBIロサンゼルス支局のテレビでニュース報道を見て、自分が解任されたことを知った。解任の理由は不明瞭だった。トランプは最初、ヒラリー・クリントンに対する捜査でコミーに不手際があったからだと主張し、その後で二〇一六年の大統領選でのトランプ陣営とロシアの共謀に対するコミーの捜査が理由だと述べた。あるときは、コミーが単純に「いい仕事をしていなかったからだ」と語った。

ホワイトハウス報道官は、「数え切れないFBI職員が大統領の判断に感謝している」と聞いたと主張したが、その二日後、FBI長官代行のアンドリュー・マッケイブは、「コミー長官はFBI内で幅広い支持を得ていたし、現在も得ている」と反論した。

コミーは二〇一七年六月八日に、上院情報委員会で彼の解任について証言を求められた。その席でコミーはダイアン・ファインスタイン上院議員の質問に答え、彼とトランプの間に交わされた私的なやり取りの詳細をメモし、それを彼と親しい複数のFBI幹部と共有していたことを明らかにした。大統領はコミーに、「この件を追及するのをやめて、フリンを解放してほしい。彼は好人物だ。あなたがこの件をもう追及しないよう願っている」と言い、フリンに対する捜査を取り下げるようあからさまに依頼したとコミーは主張した。

コミーは委員会に対し、トランプとの数回の会話をメモに残した理由について、「正直に言って、私は彼が私との会話の性質について嘘をつくのが心配でした。そこで私は記録を残す必要を感じたのです」と説明した。彼は過去に仕えたふたりの大統領［ジョージ・W・ブッシュとバラク・オバマ］に対してそのような必要を感じたことはないとつけ加えた。コミーはトランプの依頼に驚き、「フリンは好人物です」と用心深く答えたが、この件を終了するとは言わなかったとメモに書いていた。トランプは五月一八日に報道陣の質問に答えて、自分はコミーに捜査を中止してほしいと頼んだことは一切ないと断言した。

トランプがよくやることだが、彼はジェームズ・コミーを解任してから、ツイッターでコミーを攻撃した。大統領は五月一二日に、「ジェームズ・コミーはマスコミにリークし始める前に、われわれの会話の『テープ』が存在しないのを祈った方がいい」とツイートした。コミーは上院の公聴会でこのツイートに触れ、委員会に対して「何てことだ！　私はむしろテープがあればいいと思う」とコメントした。この「何てことだ！」という言葉はあらゆるメディアの見出しを飾った。

ジェームズ・コミーの証言は、トランプ政権の信頼性に対する大衆の見方の転機になった。テレビで生中継された証言を見るかぎり、コミーは合衆国大統領の司法妨害を告発する根拠ある主張をしているように見えた。本書の執筆時点では、トランプの選挙運動へのロシアの関与に対する捜査は継続中である〔捜査は二〇一九年三月二二日に終了した〕。

†

——彼が私に希望しているのは、ロシア人との会話に関するフリンの説明についての捜査を終了してほしいということだと理解しました。

ファインスタイン上院議員——しかし、あなたはなぜ大統領の言葉をさえぎって、「大統領、これは間違っています。私はそれについてあなたと話し合うことはできません」と言わなかったのですか?

コミー——私がもっと毅然としていれば、そうしたと思います。私はその会話に呆然として、ただ黙って聞いていました。頭の中では、どう返事すればいいだろうと考えていました。だから私は注意深く言葉を選びました。そういえば、私はテープについてのツイートを見ました。何てことだ! 私はむしろテープがあればいいと思います。私は、「彼が好人物だという点には同意します」と言いましたが、それはあなたの依頼には同意しませんと伝えるための方法でした。繰り返しますが、他の人ならあのような状況でもっと毅然としていられるのかもしれません。もう一度機会があったら、今度はもっとうまくやりたいと思います。

ファインスタイン上院議員——あなたはトランプ大統領からかかってきた二度の電話について話しました。彼はその電話で、ロシア関連の捜査は、大統領として「職務を遂行する彼の能力を阻害する雲だ」と表現し、あなたに「雲を晴らす」よう頼みました。あなたはそれをどう解釈しましたか？　大統領があなたに何をしてほしがっていると思いましたか？

コミー——私は大統領がロシア関連の捜査にかなりの時間とエネルギーを取られて、不満を感じているのだと解釈しました。大統領は行政府のことを言っているのだと思いましたが、彼が私に頼んだのは、実際にはもっと狭い範囲のことでした。雲という言葉で彼が言いたかったのは——これもまた私の勘違いかもしれませんが——この捜査全体に酸素を奪われて、集中したい問題に集中できないということです。依頼されたのは、自分、つまり大統領が、個人的に捜査対象になっていないと公表することでした。

——ドナルド・トランプの司法介入を示唆する上院証言

090

イーロン・マスク

人類は多惑星種になる——二〇一七年九月二八日

Becoming a Multiplanet Species

スペースXやテスラ、そしてその他数社のCEOを務めるイーロン・マスクは、文章を書くときも、話すときや考えるときと同じペースを崩さない——つまり、せっかちなのである。二〇一七年に開催された第六八回国際宇宙会議(IAC)の席上で、彼は五年以内に火星に無人宇宙船を送る計画を発表し、「五年は私にとってものすごく長い」と語った。

イーロン・マスクはペイパルの前身となる企業をはじめとして、インターネット・サービス会社の起業によって資産の基礎を築いた。二〇〇二年に宇宙旅行への社会の関心をふたたび高めたいという目的から、スペースXを設立した。スペースXの初代ロケット、ファルコン1は、『スター・ウォーズ』に登場する宇宙船、ミレニアム・ファルコン号にちなんで命名された。名前をもらった宇宙船と同様に、ファルコン1は安定性に欠け、最初の三回の打ち上げは立て続けに失敗した。マスクが最後の予算を注ぎ込んだ四回目の打ち上げは、二〇〇八年九月二八日に成功した。マスクの側近が指摘したとおり、二〇一七年にアデレードで開催されたIACで講演した日は、ファルコン1が処女飛行に成功してから九年目の記念日だった。

オーストラリアのアデレードで、人類の火星移住計画を語るイーロン・マスク。

マスクは長年、火星に行きたいという希望を公言してきた。アデレードの講演で、彼は自分の夢と計画、そしてそれを実現するために設計した新しい宇宙船について詳細に語った。彼が発表したスペースXの最新ロケットは、BFRというコードネームで呼ばれた。BFRは「ビッグ・ファッキング・ロケット」［ファッキングは罵り言葉。ビッグ・ファルコン・ロケットという説もある」の略である。BFRは全長一〇六メートル、直径九メートルで、最大積載量一五〇トン、火星への三カ月から半年の旅行のために四〇室の船室を備え、二〇〇人まで搭乗できる。

マスクが宇宙旅行でもっとも重視するのは、費用と再利用可能性だと彼は説明した。「精密なロケットを作って、それを飛ばすたびに使い捨てにするなんて、本当にばかげている。どうかしています」と彼は言った。彼は再利用可能なファルコン9ロケットの打ち上げに一六回連続して成功したときの映像の一部を参加者に見せた。ファルコン9はNASAのスペースシャトルと違って滑走路に降りるのではなく、打ち上げ時と同様に、垂直に降下して着陸する。「大げさでなく、着陸は実に正確なので、発射台に戻ってくることも可能です」

イーロン・マスクのアデレードでの講演は、IACの参加者でなければ理解できない専門用語を使って語られた。しかしわけのわからない言葉で語ろうと、平易な用語を使おうと、マスクが自分の活動領域に注ぐ情熱は疑いようがなかった。火星にコロニーを建設したいという彼の野望は、決して科学者の理論上の夢想ではなく、そこに宇宙があるからというケネディのような理想論でもなかった。人類という種の存続のためには、人類が他の惑星に定住することが不可欠だとマスクは主張した。もし地球が人類自身の愚かさによって、あるいは突然変異による病気の発生や、恐竜を絶滅させたのと同じ天変地異によって居住不能になったとしたら、別の惑星への移住が人類に残された最後の、そしてもっとも望ましい希望かもしれない。

そのため、マスクは人類を多数の惑星で生存できる種にしようと決意している。もちろん最悪の事態が起こらなければ、その方がずっといい。「誰でも朝起きたときに未来はすばらしいものになると思いたい。宇宙旅行可能な文明を持つ目的は、まさにそこにあります。未来を信じ、未来は過去よりよくなると思えるようにするためです。宇宙に出ていき、星々の間に住むよりもわくわくすることは、私には思いつきません」

スペースXは二〇二二年に二機の無人貨物BFRを火星に送る予定であり、二〇二四年には二機の無人船に加えて二機の有人船によって火星に最初の調査隊を送る計画である。宇宙船の建設はすでに進行中で、マスクが有言実行の人だということも証明済みだ。マスクはスペースシャトル計画終了後、国際宇宙ステーションに物資を輸送する契約をNASAと交わしている［二〇二〇年五月三一日、スペースXの宇宙船が初めてISSとのドッキングに成功した］。

二〇一八年二月に、スペースXはマスクの野望の実現に向けて重要なステップを踏み出した。ファルコン・ヘビー――ファルコン9の一段目ロケット二基を補助ロケットとして両側に取りつけたファルコン9の発展形――が打ち上げられ、無事に宇宙空間に到達したのである。ファルコン・ヘビーは火星の楕円軌道の遠日点［太陽からもっとも遠い点］に到達する能力があると期待されている。打ち上げられたファルコン・ヘビーは、イーロン・マスクが所有する電気自動車テスラ・ロードスターをダミーのペイロードとして搭載し、太陽を周回する軌道に乗せることに成功した。宇宙を目指して飛び続けながら、ロードスターのサウンドシステムはある曲を繰り返し再生していた――もちろん、デビッド・ボウイの『ライフ・オン・マーズ』だ。

基本的に、私たちが宇宙旅行可能な文明を持ち、多数の惑星で暮らす種になれば、そうでない場合に比べて未来ははるかに刺激的で興味深いものになるでしょう。誰でもいろいろなものから刺激を得たいし、朝起きたときに未来はすばらしいものになると思いたい。宇宙旅行可能な文明を持つ目的は、まさにそこにあります。未来を信じ、未来は過去よりよくなると思えるようにするためです。宇宙に出ていき、星々の間に住むよりもわくわくすることは、私には思いつきません。

(中略)

多惑星種になるのは、単一惑星種でいるよりもはるかにすぐれています。私たちはまず、火星にミッションを送るところから始めます。最初は間違いなく、岩だらけの場所か塵に覆われた地表に着陸することになるでしょう。私たちは五年以内に宇宙船を建造し、打ち上げ準備が

†

できるとかなり自信を持っています。五年は私にとってものすごく長いような気がします。

そして二〇二四年には四機の宇宙船を飛ばしたい。二機の無人船と二機の有人船です。最初のミッションの目標は最適な水源を発見すること、二回目のミッションの目標はロケット推進剤のプラントを建設することです。基地は宇宙船一機から始まり、それを複数に増やし、続いて都市を建設し、都市を拡大し、さらに拡大し続けます。いずれは火星を地球化し、非常に住みやすい場所にしたいと思います。

これはとても美しい想像図です。ご存じのとおり、火星の夜明けと夕暮れは青い。夜明けと夕暮れの空は青く、日中は赤い。地球とは反対です。

——「多惑星種」としての人類の未来を語る講演

100

オプラ・ウィンフリー

「彼らの時代は終わりです」――二〇一八年一月七日

"Their time is up"

二五年間続いた『オプラ・ウィンフリー・ショー』によって、オプラ・ウィンフリーは国民的な名声を手に入れた。二〇一八年に彼女はゴールデングローブ賞授賞式でセシル・B・デミル賞を受賞した。その受賞スピーチの場で、オプラは二〇一七年に明るみに出たエンターテインメント業界の常習的セクシャルハラスメントに対する考えを述べた。

オプラ・ウィンフリーはエンターテインメント業界に多大な貢献をした人に与えられるセシル・B・

デミル賞の六六年の歴史の中で、一四人目の女性受賞者だった。受賞スピーチで、オプラはまず、子どもの頃シドニー・ポワティエが黒人として初めてアカデミー賞主演男優賞を受賞するのを見た瞬間の思い出を語った。ポワティエは、彼女がこれから受賞するセシル・B・デミル賞を受賞した最初の黒人でもあった。黒人男性が栄誉ある賞を受け取る光景は、オプラの心に強い印象を残した。彼女は「今この瞬間、私が初の黒人女性として同じ賞を受けるのを見ている少女たちがいる」ことがとても感慨深いと述べた。

続いてオプラはゴールデングローブ賞の選定団体であるハリウッド外国人映画記者協会への感謝を述べるとともに、「私たちが腐敗や不正、暴君や虐げられた人々、そして秘密や嘘を見て見ぬふりをしないよう、絶対的な真実を暴くためにたゆみない献身」を続ける記者たちを称えた。その前年、トランプ大統領はメディアが政権に関する「フェイクニュース」を垂れ流しているという批判を繰り返していた。

オプラは映画業界が物語を伝える代わりに、映画

ゴールデングローブ賞授賞式でのオプラの演説は、彼女が大統領選に出馬する前触れではないかと考えた人が多かった。しかしオプラの友人は即座に、彼女にその意図はないと否定した。

業界自体が物語の中心になってしまった前年からの騒動を念頭に置いて、真実は強力だと述べた。二〇一七年末に映画業界の大物プロデューサー、ハーベイ・ワインスタインが、配役と引き換えに多数の女優に日常的なセクシャルハラスメントを行なっていたと告発された。それをきっかけに、女性たちが暴行を受けた過去を次々と語り始めた。女性たちの告発は、ワインスタインや映画業界だけにとどまらず、多方面に広がった。これが転機となり、以前は恐怖や恥ずかしさから被害を訴えられなかった女性たちが、「Me Too(私も)」の旗印のもと、勇気を出して声を挙げられるようになった。

オプラは「私の母のように、養わなければならない子どもがあり、支払わなければならないお金があり、追いかけたい夢があるために、何年も不当な扱いや暴力に耐えてきた」あらゆる職業の女性たちを称賛した。そして「忘れられてはならない女性がいます」と言い、リーシー・テイラーという女性について話し始めた。テイラーは一九四四年に拉致され、集団でレイプされて、アラバマ州の道端に目隠しされた状態で放置された。犯人は六人の白人男性で、誰かに話したら殺すと彼女を脅した。

テイラーは勇敢にも犯人の起訴を求めたが、最終的に犯人が自白したにもかかわらず、どの裁判所も彼らに有罪判決を出そうとしなかった。テイラーは二〇一七年一二月二八日、九八歳の誕生日の三日前に亡くなった。オプラは、テイラーが「私たち全員がそうだったように、彼女は男性の容赦ない力によって損なわれた文化の中で、あまりにも長い年月を生きてきました」と述べた後、このように語った。「でも、彼らの時代は終わりです。彼らの時代は終わりです。リーシー・テイラーの真実は――苦しめられてきた他の多くの女性たちの真実と同様に――前進し続けます。私は彼女が亡くなるときに、それを知っていたと願わずにいられません」

オプラは『オプラ・ウィンフリー・ショー』のゲストたちから、「男性や女性たちが現実にはどのようにふるまうか」を教えてもらったと述べ、「すべての人に共通しているように見えるのは、明るい朝への希望を持ち続ける力です。たとえ真っ暗な夜の中にいてさえも」と語った。そしてふたたび若い視聴者に向かって呼びかけた。「今これを見ているすべての少女たちに知ってほしいのです。新しい日の夜明けは近いと！ そしてついに夜が明けたとき、それは数多くのすばらしい女性たちと、何人かの並外れた男性たちのおかげであることを忘れないでください。もう誰も『Me Too』と声を挙げなくてもすむ時代へ私たちを導くリーダーとなるために、彼らが懸命に闘ってくれたおかげなのです」

『オプラ・ウィンフリー・ショー』はアメリカのテレビ史上、昼間の番組の最高視聴率の記録を樹立した。エンターテインメント業界で相当な影響力を持つ立場にあるオプラには、ゴールデングローブ賞授賞式でそうしたように、多くの人々のため――女性、黒人、そして虐げられた人々のために声を挙げる権利と責任があった。しかし批評家はオプラのスピーチの、特に感動をかき立てる結末部分の志の高い口調を見て、彼女が政界進出を狙って、今回のスピーチで世間の反応をうかがっていたのではないかと噂した。

リーシー・テイラーは一〇日前、九八歳の誕生日の直前に亡くなりました。私たち全員がそうだったように、彼女は男性の容赦ない力によって損なわれた文化の中で、あまりにも長い年月を生きてきました。そしてあまりにも長い間、女性たちは男性の持つ権力に向かって勇気を振り絞って真実を話しても、耳を貸してもらえず、信じてももらえませんでした。でも、彼らの時代は終わりです。彼らの時代は終わりです。彼らの時代は終わったのです。

リーシー・テイラーの真実は——この長い年月に苦しめられてきた、そして今も苦しんでいる他の多くの女性たちの真実と同様に——前進し続けます。私は彼女が亡くなるときに、それを知っていたと願わずにいられません。その真実は、事件からほぼ一一年後、モンゴメリーのあのバスで座り続ける決心をしたローザ・パークスの心のどこかにありました。その真実はここに、「Me Too」と声を上げることを選んだすべての女性たちとともにあります。そしてすべての男性——女性たちの声に耳を傾けることを選んだすべての男性——とともにあります。私がこれまでテレビだろうと映画だろうと、仕事の上でつねに最善を尽くしてきたのは、男性や女性たちが現実にはどのようにふるまうかを伝えることです。私たちがどのように恥辱を味わい、どのように愛し、怒り、くじけるのか、どのようにあきらめ、耐え、どのように打ち勝つのかを伝えることです。私は人生が与え得るもっとも過酷な試練に耐えた人たちにインタビューしたり、演じたりしてきましたが、すべての人に共通しているように見えるのは、明るい朝への希望を持ち続ける力です。たとえ真っ暗な夜の中にいてさえも。

今これを見ているすべての少女たちに知ってほしいのです。そしてついに夜が明けたとき、それはちょうど今夜この場にいるような数多くのすばらしい女性たちと、何人かの並外れた男性たちのおかげであることを忘れないでください。もう誰も「Me Too」と声を挙げなくてもすむ時代へ私たちを導くリーダーとなるために、彼らが懸命に闘ってくれたおかげなのです。どうもありがとうございました。

——ゴールデングローブ賞の授賞式で、Me Too運動に触れ、「夜明けは近い」と述べたスピーチ

［二六六頁から続く］――エミリー・ドウの法廷陳述

……その日の朝私が告げられたのは、私がゴミ容器の陰で発見されたということ、知らない人間から性的暴行を受けた可能性があり、ＨＩＶに感染してもすぐに結果が出ない場合があるから、もう一度検査を受けた方がいいということだけでした。とりあえず今は家に帰って、普段の生活に戻りなさいと言われました。それだけしか教えてもらえずに、現実の世界に戻らなければならないときの気持ちを想像してみてください。病院のスタッフは私を抱きしめてくれて、私は歩いて病院を出て駐車場まで行きました。私は病院で支給されたトレーナーとスウェットパンツを着ていましたが、ネックレスと靴だけはそのまま身につけていることを許されました。

妹が私を迎えに来てくれました。妹の顔は涙に濡れて、怒りと悲しみでゆがんでいました。私は本能的に、早く妹の苦しみを軽くしてあげなければと思いました。私は妹に笑いかけ、ほら見て、私はここにいる、私は大丈夫、何もかも大丈夫、私はここにいるから、と言いました。髪は洗ったからきれいよ、病院のシャンプーはすごく変だったけど。元気を出して。ほら見て、このおかしな新しいトレーナーとスウェットパンツ、まるで体育の先生みたいでしょう。さあ、家に帰って何か食べましょう。妹は私が着ている服の下に擦り傷があって包帯が巻かれていること、膣がひりひりして、検査のために差し込まれたいろいろなもののせいで気味の悪い黒っぽい色になっていること、下着がなくなっていることを知りませんでした。私はうつろな気持ちになり、話し続けることができませんでした。私は怖くてたまらないと、打ちのめされた気分だと、話すことはできませんでした。その日、家に帰ってから、妹は何時間も黙って私を抱きしめてくれました。

……

私はその出来事を頭から追い出そうとしました。でもそれは重すぎて、私は話すことも、食べることも、寝ることも、人と関わることもできなくなりました。仕事が終わると、車で人気のない場所に行って叫びました。話さず、食べず、寝ず、誰とも関わらないでいるうちに、私は一番愛している人たちを寄せつけなくなりました。事件から一週間以上たっても何の連絡もなく、あの夜のことや、私に何が起きたのかについて、新しい情報は何も教えてもらえませんでした。病院でもらったトレーナーが引き出しにしまわれていて、それだけがあれが悪い夢でなかったという証拠でした。……

ある日、仕事場で携帯電話をスクロールしながらニュースを見ていると、ひとつの記事が目に留まりました。それを読んで初めて、私は自分が意識を失った状態で発見されたこと、髪は乱れ、長いネックレスが首に巻きつき、ブラジャーは服から引っ張り出され、服が肩まで引き下げられ、腰の上までまくり上げられていたこと、お尻からブーツまで体がむき出しになって、両足は広げられ、私の知らない誰かによって異物を挿入されたことを知りました。私はこうして自分の身に起こったことを、職場の机でニュースを読んで知ったのです。自分に何が起きたのかを、他の誰もが知るのと同じタイミングで知らされたのです。私の髪に松葉がついていたわけがようやくわかりました。木から落ちてきたわけじゃなかったんです。彼は私の下着を脱がせ、指を私の中に入れました。私はこの人を知ってさえいません。今でもこの人を知りません。自分について書かれた記事をこんなふうにして読んだとき、私は言いました。これは私じゃない。私であるはずがない。私はこの情報を少しも理解することも、受け入れることもできませんでした。家族がこの記事をオンラインで読まなければならないなんて、想像もできませんでした。私は記事を読み進めました。次の段落に、絶対に許せないことが書かれていました。彼は言ったそうです。私が喜んでいたと。私が喜んでいた。そのときの気持ちをどう表現したらいいかわかりません。……

裁判になるとは思っていませんでした。目撃者がいて、私の体の中に汚れがついていました。彼は逃げ出して、捕まりました。彼が示談を申し出て、正式に謝罪し、私たちはどちらもこの問題にけりをつけるのだと思っていました。でもそうはなりませんでした。彼が有力な弁護士と専門家証人、そして私立探偵を雇ったと聞かされました。彼らは私にとって不利な材料を探すために私の私生活を探り、私と妹の信用を失わせるために私の話のあら探しをして、この性的暴行は、実は誤解だったと証明しようとしていると聞きました。彼は単に勘違いしただけなんだと世間を納得させるつもりだと知らされました。

私は暴行されたと言われただけでなく、私が覚えていないせいで、それが望んだことではなかったと厳密には証明できないと言われました。それを聞いて私は衝撃を受け、傷つき、ほとんど壊れそうになりました。暴行されて、しかも屋外で、ほとんどレイプされそうになったというのに、それが暴行と認められるかどうかわからないなんて、これほどつらく困惑することはありません。この状況にはおかしな点があるとはっきりさせるために、丸一年闘わなくてはなりませんでした。

裁判に勝てなかったときの覚悟をしておくように言われたとき、私はそんな覚悟はできないと言いました。私が目覚めた瞬間から、彼は有罪です。彼が私を傷つけたことをなかったことにはできません。最悪の場合、私が覚えていないのがわかっているから、彼はいくらでも筋書きが作れると警告されました。彼は何でも好きなことが言えるし、誰もそれに反論できないと。私には何の力もなく、何も言うことができず、身を守るすべがありませんでした。私は記憶がないことをたびたび攻撃されました。私の証言は説得力がなく、不完全で、たぶん勝てないだろうと思い込まされました。彼の弁護士は陪審員に、私が覚えていないのだから、信用できるのはブロックだけだと言い続けました。私は無力感に打ちのめされました。心を癒すために時間を使うべきなのに、あの夜のことを細部まで思い出して身を切られるような思いをするために時間を費やし、押しつけがましく攻撃的な弁護士の質問に備えなければなりませんでした。弁護士は私を混乱させ、私や妹の言葉を否定し、私の答えを誘導するような質問をしました。あなたは擦り傷に気づきましたか、と聞く代わりに、あなたは擦り傷に気づかなかったんですよね、と弁護士は聞きました。まるで私自身の価値を私から奪い取ろうとするかのような、戦略的な駆け引きでした。性的暴行があったのは明白なのに、私はここで裁判に出席し、こんな質問に答えました。

あなたの年齢は？　体重は？　その日何を食べましたか？　夕食には何を？　誰が夕食を作りましたか？　夕食のときは飲みましたか？　飲まなかった？　水も飲まなかった？　何時ごろ飲みましたか？　どれくらい飲みましたか？　……私は自分の私生活を、恋愛を、過去や家族との暮らしを切り刻むささいな細かい質問に疲れ果てました。私の名前を聞こうともせずに私を半裸にしたこの男の行為の言い訳をするために、取るに足らない事実をかき集めていたんです。私は身体的に暴行された後、今度は攻撃的な意図のある質問で暴行されました。ほら見ろ、彼女の言うことは一貫性がない。彼女は頭がおかしい。彼女は実質的にアル中だ。たぶん誰かといちゃつきたかったんだろう。彼は見るからにスポーツマンタイプだ。ふたりとも酔っていたし、彼女が覚えている病院の話は事後のことだから、考慮する必要はない。ブロックは失うものが多すぎて、今とてもつらい思いをしているんだよ。

それから彼が証言する番になって、私は被害者になるとはどういうことなのか思い知らされました。私の家族はストレッチャーに固定された私の頭にたくさんの松葉が絡みついている写真を見せられました。目を閉じ、髪は乱れ、手足を折り曲げ、服がまくり上げられた状態で、土の上に横たわっている私の写真を見なければなりませんでした。その後でさえ、家族はあなたの弁護士が、これらの写真は事後のものだから無視していいと言うのを聞かされました。……

私は一晩の飲酒がふたりの人生を台無しにできるということを、世間に知らせたいと思います。あなたと私の人生です。あなたが原因で、私が結果です。あなたは自分と一緒に私を地獄に引きずり込み、私を何度も何度もあの夜に引き戻しました。あなたは私たちを両方とも打ちのめし、あなたが倒れると同時に私も倒れました。私は助かった、無傷で逃げられたとでもあなたは思っているのでしょうか。自分はひどい損害を受けたのに、私は今日、西部劇のハッピーエンドのようにさっそうと夕日に向かって去っていくとでも思っているのでしょうか。だとしたら、あなたは間違っています。勝った人は誰もいません。私たち全員が打ちのめされ、この苦しみに何らかの意味を見つけようとしてきました。あなたは資格も学位も入学も取り消されました。その損失は具体的なものです。でも私は内面的で目に見えないダメージを抱えていかなければなりません。あなたは私の価値、プライバシー、エネルギー、時間、安全、人との親密な交わり、自信、そして私の声を、今日まで奪い取りました。……

私は五歳の子どものように、灯りをつけないと夜ひとりで眠れません。誰かに体を触られる悪夢を見てうなされるからです。日が昇って、眠っても大丈夫だと思えるまでそうしていました。三カ月間、私は朝六時に寝る生活を続けました。……

私は昔、自分の自立心を誇りにしていました。今では夜になってから歩いて友達と飲みに行くのも怖くなりました。本来なら楽しく過ごせるはずなのに。私はいつも誰かに側にいてもらわないとだめになりました。ボーイフレンドに隣にいてもらい、私の横で寝てもらい、守ってもらわなければ、いてもたってもいられません。自分がどうしようもなく頼りない気がします。いつも保護され、つねに身構え、いつ怒り出すかわからない状態で、びくびくしながら生きている。それが恥ずかしくてたまりません。……

今でも弱ったままの自分のかけらをかき集めて再建するために、私がどれほど必死にがんばってきたか、あなたには想像もできないでしょう。何が起きたのかを話せるようになるためでさえ、八カ月かかりました。私はもう友達とも、周囲の誰ともつながることができなくなりました。私は家族やボーイフレンドがこの話題を持ち出すたびに叫びました。あなたのせいで、私は自分に起きたことを忘れられません。審問や裁判の後、私はいつも口もきけないほど疲れ切っていました。私は力尽き、無言で帰宅し、携帯電話の電源を切って、何日も何も話そうとしませんでした。あなたは私をたったひとりで生きる世界に放り込んだのです。新しい記事が出るたびに、私は自分があの暴行を受けた女の子だということが町中に知れわたってしまうと思って気が変になりそうでした。私は誰にも同情してほしくありません。「被害者」だということを自分のアイデンティティの一部として受け入れようと今も努力しています。あなたは私の住み慣れた町を、とても居心地の悪い場所にしてしまいました。……

妹は傷ついています。学校でうまくやっていけなくなり、何も楽しめなくなり、眠っていません。電話越しに息が詰まるほど激しく泣いて、あの夜私をひとりにして悪かった、ごめんなさい、ごめんなさい、ごめんなさいと何度も何度も言い続けるんです。妹はあなたよりよほど罪の意識に苦しんでいます。だから私はあなたを許しません。あの夜私は妹を見つけるために電話をかけましたが、あなたの方が先に私を見つけてしまった。あなたの弁護士はこう言って最終弁論を始めました。妹よりよく彼女のことをわかっている人間がいるでしょうか？」私に不利な証拠として妹の言葉を利用しようとするなんて。あなたの攻撃は説得力がなく、卑劣で、聞いていて恥ずかしくなるほどでした。妹を巻き込まないで。

あなたは私にこんなことをすべきではなかった。そしてこんなことをすべきではなかったと私に言わせるために、これほど長く闘うべきではありませんでした。でも私たちはここにいます。受けたダメージをなかったことにすることは誰にもできません。今、私たちには選択肢があります。ひとつは、この出来事のせいでふたりとも身を亡ぼすことです。私は怒り、傷ついたまま、あなたは自分のしたことを否定したまま生きる人生です。もうひとつは、この出来事に正面から向き合って、私はこの痛みを受け入れ、あなたは罰を受け入れて、前を向いて進むことです。

あなたの人生は終わったわけではありません。あなたはこれから先、あなたの物語を書き直す時間が何十年もあります。世界はとても広く、パロアルトやスタンフォードよりずっと大きい。きっとあなたはその中で自分が役に立ち、幸福でいられる場所を自力で作れるでしょう。でも今は、あなたはもう肩をすくめて途方に暮れているわけにはいきません。やってはいけない行為だと気づかなかったふりはできません。あなたは意図的に、強制的に、悪意をもって私に性的暴行を働いて、有罪を宣告されました。それなのにあなたが認めるのは、お酒を飲んだということだけです。アルコールのせいで間違ったことをして、人生がめちゃくちゃになったなんて言わないでください。あなた自身の行動の責任をどう取るのかを考えてください。……

そして何よりも、まだ会えていない、私を救ってくれたふたりの男性に感謝したいと思います。私は自分で描いた二台の自転車の絵をベッドの上に貼って、それを見ながら眠りにつきます。この物語にはヒーローがいること、私たちはお互いを思いやれるということを思い出すためです。お世話になったすべての方々と出会い、みなさんの励ましと愛を感じられたことを、私は決して忘れません。……

最後に、世界中の女の子たちへ。私はみなさんとともにいます。あなたがひとりぼっちだと感じる夜、私はあなたとともにいます。あなたが疑われ、話を聞いてもらえないとき、私はあなたとともにいます。私は毎日あなた方のために闘いました。だからあなたも闘うのをやめないでください。私はあなたを信じます。「灯台はさまよう船を救うために島中を走り回ったりしない。ただそこに立って輝いているだけだ」と作家のアン・ラモットは書きました。私はすべての船を救うことはできないけれど、今日ここで話したことで、あなたにほんの少しでも光が届くように願っています。黙っていなくてもいいんだと少しでも知ってほしい。正義が成し遂げられたと少しでも満足してほしい。私たちは前進しているとと少しでも信じてほしい。あなたは疑いもなく大切な人です。あなたに勝手に触ることは許されません。あなたは美しく、いついかなるときも、申し分なく価値を認められ、尊重されるべきです。あなたには力があり、誰もあなたからその力を奪い取ることはできません。それをあなたに知ってほしいと願っています。世界中の女の子たちへ、私はあなたとともにいます。ありがとうございました。

訳者あとがき

演説には人を動かし、世界を変える力がある。国家や世界の平和が脅かされたとき、あるいは大義や理想が踏みにじられようとするとき、人々は言葉を武器に闘いを挑んできた。時代を代表する演説を読むことで、これまで人々が何と闘い、何を勝ち取ってきたのかを知ることができる。戦争、独裁、テロ、人種や性別による差別など、目の前に立ちはだかる壁を壊す必要があったとき、信念を持った指導者が立ち上がって声を上げ、その呼びかけに共鳴する人々が集結して、力を合わせて困難を乗り越えてきた。

本書には古代ギリシャから現代まで、二〇〇〇年の歴史の中で語られた一〇〇の演説が集められている。名演説家の誉れ高いウィンストン・チャーチルやオバマ大統領などの政治家の演説や、マーティン・ルーサー・キングのよく知られた「私には夢がある」の演説はもちろん、ジョン・レノンやエルビス・プレスリーのような歌手や、モハメド・アリのようなスポーツ選手、スティーブ・ジョブズやビル・ゲイツといった企業家の言葉まで、多彩な人物が顔を揃えた。時代や地域も幅広く、前四世紀のソクラテスの演説から、アメリカの有名なTV司会者オプラ・ウィンフリーが近年のMeToo運動について語った二〇一八年の演説まで、古典として知られる演説から最新の話題までまんべんなく選ばれている。

著者はそれらの演説をただ並べるだけでなく、誰が、どのような場面で、なぜそれを語ったのか、そして聴衆はそれをどう受け止め、どのように行動したのかを解説している。時代背景や社会情勢だけでなく、語り手がその演説によって果たそうとした目的が詳しく解き明かされ、ときには語り手個人の苦悩や弱さまでが明らかにされる。それによって歴史上の偉人や英雄もひとりの人間であり、歴史を作ってきたのは私たちと同じ人間であることが感じられるのである。

過去の演説に触れることは、現在と未来を見つめ直すことにつながる。今の平和が当たり前ではないこと、自由と平等が誰かの苦闘によって勝ち取られたものであり、今もなおその闘いは終わっていないことがわかる。平和、自由、平等、安全な社会を実現するために闘った人々の演説を読むことで、それから社会はどのくらい前進したのか、あるいは後退したのかを判断する基準を自分の中に持つことができるだろう。

演説の目的は、聴衆を説得し、何かを信じさせることだと著者は言う。人はそれぞれの立場から見た真実と信念を語るが、聞き手は相手の隠された意図や欺瞞を見抜く目を持たなければ、簡単に信じ、扇動されてしまう。本書には北米先住民の指導者の言葉もあれば、北米先住民の排斥を目的とした政治家の言葉もある。奴隷制を正当化する演説も、奴隷制の廃止を訴える演説もある。同時多発テロ事件をめぐってアメリカを非難するオサマ・ビンラディンの演説と、テロとの戦いを唱えるブッシュ大統領の演説を続けて読むことができる。このように対立する意見を見比べることで、自分で考えて判断するための客観的で相対的な視野を養えるのではないだろうか。

本書に収められたのは偉人や英雄の名演説だけではない。ビートルズへの激しいバッシングと悲劇的な暗殺の原因となったジョン・レノンの失言もあれば、スキャンダルに見舞われたビル・クリントンの謝罪の言葉もある。野球選手としての絶頂期に不治の病に襲われ、それでも「自分は世界で一番幸せな男だ」と言い切ったルー・ゲーリックの引退演説には胸を打たれる。

一九六九年に五〇万人近いヒッピーが集まる伝説的な野外コンサート、ウッドストック・フェスティバルを実現させたのは、会場を提供した農場の持ち主が反対派を説き伏せるために放った「ここはアメリカだ」という一言だった。こうした市井の人々の言葉は、素朴で飾り気がないからこそ、いっそう心を動かされる。また、アメリカで公教育における人種の分離を違憲とした判決や、女性が中絶する権利を制限つきで容認した判決も紹介されている。裁判官による感情を抑えた判決文は、声高に叫ばなくても、冷静で淡々とした弁論によって正しいと思うことを主張する言葉の力を感じさせる。

今あらためて読むことで、いっそう意義を増す演説がある。一九九七年に香港を中国に返還するにあたって、香港最後のイギリス人総督クリス・パッテンは「一国二制度」の存続を願い、香港の人々が大切にする価値観を称える演説をした。状況が当時と大きく変わった今、この演説をしたパッテンは何を思っているだろうか。

一五八八年にエリザベス一世はスペイン無敵艦隊の侵略に対抗するため、兵士を鼓舞する演説を行なった。そのときエリザベス一世はすでに女王として長い経験があったにもかかわらず、「私は確かにひ弱な女の体を持っている」と認め、それでも王にふさわしい心と気概を持っているのだと主張しなければならなかった。それから四五〇年近くたった二〇一八年に、オプラ・ウィンフリーは女性を抑圧し、不当に扱ってきた男性たちについて触れ、「彼らの時代は終わりです」と宣言した。しかし、現代にはいまだに「ひ弱な女」に対する偏見や差別が残っているし、人種や人権の問題も完全に解決されたわけではない。そうした問題は現代に生きる私たちに託されたのであり、バトンを受け取った私たちは、過去の人々の言葉の中に、未来を生きるための力と指針を見つけることができるだろう。本書を手に取ってくださったみなさんが、演説家の懸命な思いに想像をめぐらせ、その場に居合わせた聴衆のひとりになったような気持ちで彼らの言葉に耳を傾けてくだされば幸いである。

二〇二〇年七月

大間知　知子

［謝辞］

Speech sources: The Internet Classics Archive; The Art of Manliness; Patrick Fraser Tytler, Lives of Scottish Worthies (1831); James Harvey Robinson, Readings in European History (1906); The Constitution Society; World Future Fund; Papers of George Washington held at University of Virginia; University College London; University of Maryland; Socialist Worker; Oxford University Museum of Natural History; Civilwarcauses.org; American Battlefield Trust; The Avalon Project of Yale Law School; The History Place; University of Missouri; Speeches on Social Justice; Eleanor Hull, A History of Ireland (1931), Marxists Internet Archive; American Rhetoric; Samuel Rosenman, (ed.), The Public Papers of Franklin D. Roosevelt, Volume Two: The Years of Crisis (1933); Brigham Young University; Washington Times; Fordham University; The Guardian; The Churchill Society; George Mason University, BBC School Radio; National Diet Library of Japan; Israel Ministry of Foreign Affairs; Socialist Health Association; US Supreme Court; School for Champions; South African History Online; NASA; University of Nottingham; Sony Music; Digital History; The Beatles Bible; Cornell Law School, Speech Vault; Birmingham Mail; CNN; Poughkeepsie Journal; New York Times; PBS; Boston Museum of Fine Arts; Margaret Thatcher Foundation; Washington Post; Michigan State University; William J. Clinton Presidential Library; Universitデゥ de Sherbrooke; Town and Country Magazine; The Irish Times; BBC News; Al Jazeera; Engadget; The Harvard Gazette; Daily Telegraph; BuzzFeed, University of Cambridge; SpaceX; Daily Mail.

Photo sources: Getty images, Alamy.com, Library of Congress, National Gallery, Mary Evans Picture Library, New York State Library, Penguin Books, Pavilion Image Library, Christian Action.

Cover images: Barack Obama, Malala Yousafzai, Winston Churchill, Martin Luther King Jr., Fidel Castro, Nelson Mandela, Oprah Winfrey, Mark Zuckerberg, Betty Friedan, John F. Kennedy, Eva Perデゥn, Mark Twain, Elizabeth I, Edward VIII, Steve Jobs, Neil Armstrong, Elon Musk, Elvis Presley, Sojourner Truth, Timothy Leary, George W. Bush, General Charles de Gaulle, Chief Joseph, Vladimir Lenin, Lou Gehrig, Ronald Reagan, Franklin D. Roosevelt, Neville Chamberlain, Malcolm X, Emmeline Pankhurst.

き

く

け

こ

さ

し

索引

［著者］
コリン・ソルター——Colin Salter
スコットランドのエジンバラに拠点を置くノンフィクション作家。自然史、歴史伝記、科学、ポピュラー音楽などの分野で執筆。著書には『Events that Changed the World(世界を変えた出来事)』や、『歴史を変えた100冊の本』『世界で一番美しい植物のミクロ図鑑』(共にエクスナレッジ)などがある。

［訳者］
大間知 知子——Tomoko Omachi
お茶の水女子大学英文学科卒業。翻訳書に『96人の人物で知る中国の歴史』、『ロンドン歴史図鑑』、(以上、原書房)、『世界の哲学50の名著』、『世界の政治思想50の名著』、『世界の経済学50の名著』(以上、ディスカヴァー・トゥエンティワン)、『チャンスを見つける19の法則』(ダイレクト出版)、『自分を信じる力』(興陽館)などがある。

世界《せかい》を変《か》えた100のスピーチ　下《げ》

二〇二〇年九月三〇日　初版第一刷発行

著者――コリン・ソルター
訳者――大間知《おおまち》 知子《ともこ》
発行者――成瀬雅人
〒一六〇-〇〇二二
東京都新宿区新宿一-二五-一三
電話・代表〇三-三三五四-〇六八五
http://www.harashobo.co.jp
振替・〇〇一五〇-六-一五一五九四

ブックデザイン――小沼宏之[Gibbon]

印刷――シナノ印刷株式会社

製本――東京美術紙工協業組合

ISBN978-4-562-05787-0
Printed in Japan